KB093536

한뼘 한국사

서문
당신 곁의 한국사; 한뼘 더 가깝게, 한뼘 더 깊게

먼저 《한뼘 한국사》를 펼쳐주신 독자께 감사 인사를 전합니다. 이 책은 젊은 역사연구자 열세 명의 글을 싣고 있습니다. 집필자들은 모두 대학원에서 한국사를 전공한 박사과정·수료생입니다. 이들은 학계에서 신진연구자로서 왕성한 연구를 진행하고, 대학에서 엄격한 학문적 훈련을 받고 있습니다.

이 책은 다른 학술서적과 달리 광장의 한복판에서 출발했습니다. 2015년 겨울, 박근혜 정부는 역사교과서 국정화를 밀어붙였습니다. 이에 전국의 교수들은 집필거부를 선언했고, 역사교사들은 교육현장의 비판적 목소리를 전했습니다. 시민들도 광장에 나서 촛불을 들고, 구호를 외치며 반민주적이고 비교육적인 국정화 강행을 비판했습니다. 각계각층의 참여와 지지 속에 역사교과서 국정화 반대운동은 커져갔습니다. 국정 역사교과서는 광장에서 "친일 교과서, 독재미화 교과서"라는 이름으로 불렸습니다. 보다 젊은 세대들은 국가가 역사를 독점하려는 행태 자체에 큰 거부감을 갖고 항의했습니다. 이러한 가운데 젊은 역사연구자들은 자신의 목소리를 전달할 수 있는 새로운 방식을 기획했습니다. 우리는 SNS상에서 국정교과서 반대의견서 인증릴레이를 시작으로, 다양하고 독창적인 시도를 이어나갔습니다. 이런 움직임의 결과로 2016년 1월, 신진연구자들은 '만인만색 연구자 네트워크'를 창립하고 국정교과서 사태에 함께 맞섰습니다.

시민들의 분노와 실천은 곧 2016년 박근혜 대통령 탄핵운동, 촛불항쟁으로 이어졌습니다. 거리에서 시민들은 "박근혜 대통령과 함께 국정 역사교과서를 탄핵해야 한다"고 외쳤습니다. 2017년 5월, 새 정부가 등장하며 국정 역사교과서는 마침내 폐기되었습니다. 이는 거리와 자신의 삶 속에서 부조리에 저항하고, 자신의 목소리를 드높였던 사람들의 승리입니다.

다시 1년여의 시간이 지났습니다. 국정교과서가 폐기되면서 역사교과서 문제는 일단락된 것처럼 보입니다. 하지만 우리는 그렇지 않다고 생각합니다. 역사교과서는 역사학, 역사교육, 국가와 시민의 관계를 모두 반영하는 그 시대의 산물입니다. 국가는 언제나 '국민교육'을 위해 역사를 활용하려 합니다. 특정한 국민을 만드는 데 특정한 역사교육은 참 유용한 도구이기 때문입니다. 따라서 민주사회의 역사교육은 시민사회의 지속적인 견제와 역사학자·역사교사들의 끊임없는 문제 제기 속에서 '긴장'을 유지해야 합니다.

우리 역사학 신진연구자들은 더 나은 한국사회를 위해 새로운 문제를 던지고자 합니다. 우리는 《한뼘 한국사》의 출발점이었던 2년여 전의 기획을 되돌아봅니다. 만인만색 콘텐츠기획출판팀은 DAUM 스토리펀딩 〈한뼘 한국사, 교과서 뒤편의 역사〉를 기획하고, 총 열두 편의 글을 모아 2016년 5월 2일부터 7월 21일까지 독자들을 만났습니다. 학계의 울타리를 넘어 대중과 직접 만나는 경험은 그 자체로 큰 설렘과 흥분을 안겨주었습니다. 글마다 마주했던 따뜻한 응원, 사람들의 가족사, 관점의 차이, 그리고 때로는 비난까지, 독자들의 폭넓은 반응은 그 만남을 더 풍성하게 만들어주었습니다. 이 연재는 총 325건, 446만 원의 모금으로 성공리에 마무리됐습니다. 그 덕분에 이 책은 해당 스토리펀딩에 참여한 분들과의 약속으로 세상에 나오게 되었습니다.

부제 '한국사 밖의 한국사'는, 국정 교과서뿐 아니라 현재에도 사용되는 검정 역사교과서에 대한 비판적 시각을 의미합니다. 현행 역사교과서는 여러 출판사에서 제작하지만 교육부의 엄격하고 지나친 통제로 인해 큰 차이를 갖지 못합니다. 반면 학계에서는 기존과 다른 관점의 연구들이 등장하고, 역사적으로 주목받지 못했던 사람·단체들의 역사를 발굴하고 있습니다. 이 책은 역사학계의 최신 연구들이 독자와 만나지 못하고, 역사교과서에 반영되지 못하는 현 상황에 대한 문제 제기이기도 합니다. 또한 역사과목은 여전히 암기과목 취급을 받습니다. 역사교과서들이 하나의 역사적 해석을 전달하고, 이것만을 정답으로 인정하기 때문입니다. 하지만 역사적 사실은 그것을 보는 거리, 각도, 위치에 따라 다른 해석을 가능케 합니다. 인물군상의 모습에 돋보기를 대고 여러 측면을 이해하려는 태도가 중요합니다. 만인만색이 역사 연구의 전문성과 역사 해석의 다양성을 강조하는 이유기도 합니다.

우리는 새로운 연구경향을 반영하면서도, 새 시대의 역사교육에 필요한 관점들을 모아내고자 했습니다. 그간 한국사회는 '역사란 무엇인가'라는 질문에 국가나 민족처럼 거대한 존재들만을 주인공으로 답하곤 했습니다. 인간의 역사에서 국가·민족·계급과 같은 거대서사는 분명 중요합니다. 이것들은 우리 삶의 많은 부분을 규정하고 영향을 미칩니다. 하지만 큰 서사들만 강조하는 역사인식은 평범한 사람들의 역사를 배제시키고 그들을 '국민'이라는 하나의 색깔만으로 기억할 뿐입니다.

필자들은 2년 전 국정화 국면에 맞췄던 서술을 현재 상황과 역사교육의 새로운 전망 속에서 재서술했습니다. 기존 연재물에서 1편의 글을 제외하고, 2편의 글을 새로 추가했습니다. 또한 이 책은 시간순서에 따른 연대기적 구성을 피하고, 새로운 역사담론의 방향성에 맞춰 분류하고 배치하였습니다.

먼저 1부의 글들은 역사적으로 '낮은 곳'에 위치했던 평범한 사람들의 삶을 그려냅니다. 한국사회의 성장 중심·성공지향적 분위기는 갑남을녀의 모습을 잊게 했습니다. 반면 국가는 이들을 사회불안 요소로 바라보거나 통제 대상으로 보았습니다. 1부는 권력을 갖지 못했던 평범한 사람들의 이야기입니다. 사회적 약자의 경험이 곧 '선한 것'이라 말하지 않습니다. 다만 그들이 감내해야 했던 사회적 인식, 불합리한 주변 환경, 그 안에서 생존했던 방식들을 풀어나갑니다. 먼저 권혁은은 베트남전쟁의 통계자료와 인터뷰를 활용해 기존에는 단일하게만 보였던 파병군인의 계급별 경험 차이에 주목했습니다. 최보민은 1925년에 발생했던 예천 형평사 공격사건을 통해 당대 백정에 대한 불균형한 사회 인식, 그리고 사회적 약자 사이의 갈등과 반목을 보여줍니다. 편소리는 조선시대 사람들의 계층별 이름짓기 방식으로 그들이 놓여 있던 사회적 위치와 삶의 모습을 설명합니다. 김재원은 현대사를 살아온 김씨와 그들 가족의 이야기를 풀어내어 월남민 가족의 중산층 도전기를 생생하게 그려냈습니다. 임광순은 국가안보를 강조했던 공장새마을운동과 이에 참여했던 노동자들의 이야기로 순응과 저항 사이를 오간 유신시대 사람들의 이야기를 풀어냅니다.

2부는 주류 역사 서술에서 직접적으로 배제하고 '금기'시했던 사람들의 이야기입니다. 권력은 온전한 질서를 구축하기 위해 반대편에서 배제되고 금기시된 존재들을 만들어냈습니다. 이들의 역사화는 곧 권력의 민낯을 보여주는 작업이기도 합니다. 먼저 전영욱은 서대문형무소 주변의 식민지기, 현재의 모습을 보여주며 우리가 지워버린 것들, 그리고 일상과 저항의 울퉁불퉁한 뒤섞임을 설명합니다. 이성호는 신라왕실 김씨 계의 권력구조 생산방식으로서 근친혼에 주목하고, 이것을 후대의 윤리를 잣대로 평가할 수 없다고 말합니다. 김대현은 1950~70년대 MTF트랜스젠더·여장남자에 대한 언론과 의학계의 입장을 분석하여 성소수자의 이름조차 갖지 못했던 이들의 삶과 이들을 둘러싼 사회적 시선을 풀어냅니다. 장원아는 식민지기 무속을 바라보았던 조선총독부와 조선인 지식인남성의 입장에 주목했습니다. 식민지 근대권력이 무속을 조선인의 일상에서 어떻게 위치시키고자 했는지를 보여줍니다.

3부는 근대국가의 국민으로서 우리가 쉽게 잊어버리는, 경계 안팎의 존재들 이야기입니다. 근대국가는 선으로 그어질 수 있는 배타적인 국경을 가지며, 이는 역사를 바라보는 우리의 시각에도 영향을 미칩니다. 그리고 근대국가는 현재와 다른 국경개념을 가졌던 과거 역사를 이해하기 힘들게 만들고, 그 경계 안팎에서 살아갔던 사람들을 잊게 합니다. 먼저 임동민은 근대적 민족개념으로 이해하기 힘든 낙랑군·대방군 사람들의 생활양식에 주목하여 한국 고대사 속에서 이들의 영향을 설명합니다. 윤성준은 일본군-국군-인민군 소속을 가졌던 노재길의 포로심문기록을 분석하여 식민-남북분단의 역사가 개인을 일국사에 가둘 수 없다는 점을 지적합니다. 문미라는 민족사에서 사라졌던 조선족의 조국관 형성 과정을 분석하고, 우리가 왜 그들을 잊었는지 되묻습니다. 조용철은 세종의 4군 6진 개척 과정을 설명하며 북으로 이주했던 조선인들, 함께 거주했던 여진족에 대한 새로운 기억방식을 제안합니다.

《한뼘 한국사》는 대학원생들의 독립적인 기획과 자발적인 참여로 제작되었습니다. 전문성과 대중성 두 마리의 토끼를 잡고자 노력했습니다. 우리는 역사학의 대중화라는 쉽지 않은 길에서 이제 한 걸음을 뗐습니다. 이 책의 부족한 점은 후속 활동과 출판으로 보답하고자 합니다. 먼저 저희 원고를 따뜻한 책으로 엮어준 도서출판 푸른역사 박혜숙 대표와 편집자, 출판노동자께 깊이 감사드립니다. 이분들의 도움이 없었다면 《한뼘 한국사》는 독자를 만날 수 없었을 것입니다. 학술논문 생산만이 곧 성과가 되어버리는 현실에서, 소중한 시간을 내어 머리를 맞대고 글을 빚어낸 집필자들께도 따뜻한 인사를 전합니다. 좌충우돌하며 함께 걷는 만인만색 콘텐츠기획출판팀의 고태우, 곽성훈, 구병준, 권혁은, 김대현, 김동주, 김태윤, 문미라, 임광순, 정미란, 최보민에게 뜨거운 동지애를 표합니다. 마지막으로 뜨거웠던 광장의 연장선에서 함께 민주사회의 미래를 고민하는 독자 여러분과 《한뼘 한국사》를 나눕니다. 이 책이 더 많은 사람의 손에서, 더 많은 교육현장에서 쓰임새 있길 기대합니다.

《한뼘 한국사》집필진을 대신하여
만인만색연구자네트워크 콘텐츠기획출판팀 씀

3부 국가 '경계' 밖의 존재들

지금까지 매년번의 역사 서술에서
낮은 곳에 위치한 약자들은 그려지지 못했습니다.
정치·경제적으로 특권적 위치에 있었던 이들의 이야기가 아닌,
낮은 곳에서 나름의 방식대로
시대를 살아낸 이들의 이야기를 제시하고자 합니다.

01

조선시대
사람들의 이름 짓기와
부르기

모든 사람은 이름에 따른 자신의 정도를 지키는 것이 중요했다.
양반은 양반답게, 노비는 노비답게, 남편은 남편답게, 아내는 아내답게
자신의 역할에 순응하는 것이 사회를 바로잡는 것이었다.

"홍귀달!!! 너"

성종 8년 7월, 한 스캔들이 세간의 이목을 끌었다. 조식이라는 자
가 전 칠원현감 김주를 여동생을 강간한 죄로 고발한 것이었다.
조식의 여동생 조 씨는 양녕대군의 서자와 혼인하였는데, 그는 이
미 사망한 상태였다. 의금부에서 조사한 결과 이 사건은 과부 조

씨가 스스로 중매하여 김주와 재혼을 한 것이었다. 당시 법률에 의거하여 조 씨와 김주는 장형杖刑 80대와 이혼을, 조식은 무고죄로 장형 100대와 유형 3,000리를 선고받았다. 그러나 사건의 양상은 다른 곳으로 흘러갔다.

이 사건이 세상에 드러난 후 동부승지 홍귀달(1438~1504)은 조식이 무고가 아니라는 입장을 은연중 드러내었다. 또한 이러한 의견은 자신뿐 아니라 좌승지 이하 모든 승지의 생각이라 밝혔다. 이튿날, 좌승지 이극기(1426~1491) 또한 홍귀달의 의견에 동조했다. 그러자 도승지 현석규(1430~1480)가 왕에게 승정원의 승지들이 수석 승지인 자신을 제치고 발언을 하였으니, 자신이 승지들의 뜻을 알지 못했다며 사임케 해달라고 청하였다. 즉 현석규는 홍귀달이 처음 승지들의 생각이라 밝힌 것은 승정원의 우두머리인 자신과 논의되지 않은 것이며, 조직 서열을 무시한 행동이라 여겼던 것이다.

조정에서는 이를 홍귀달 등의 잘못으로 보았다. 더욱이 조식과의 사적인 관계가 밝혀지면서 홍귀달 등은 처벌하는 것으로 결론이 났다. 그러나 대사간 손비장이 현석규가 홍귀달을 꾸짖을 때 갑자기 화를 내며 소매를 걷어 올리더니 그의 이름을 함부로 부르고 "너"라고 말하면서 욕보였다고 왕에게 상소문을 올렸다. 손비장은 현석규가 홍귀달을 예로써 나무라지 않고 이름을 부르고 너라고 일컬었다며 죄 줄 것을 청하였다. 이에 현석규는 화를 낸 것은 맞지만 욕설은 없었다고 주장했고, 소매를 걷어 올린 것은 더

위 때문이라고 변명했다.

조정에서는 홍귀달의 죄보다도 현석규가 홍귀달의 이름을 들먹인 것을 비판하는 여론이 거세졌다. 하급 관리일지라도 이름을 함부로 불러 욕되게 할 수 없는데 동급인 승지들끼리 어찌 그럴 수 있냐며 현석규의 무례함을 비판했다. 마침내 현석규는 스스로 사의를 표하는 지경에 이르렀다.[1]

이 이야기를 보면 조선시대 사람들에게 이름은 단순한 의미가 아니었던 것 같다. 이 글은 조선시대 여러 계층의 이름을 소개하고 그 이름에 담긴 의미를 살펴보고자 한다. 이를 통해 옛사람들의 다양한 삶의 모습을 상상할 수 있길 기대한다.

양반의 이름은 몇 개?

조선시대 양반은 하나의 이름으로 평생을 살지 않았다. 태어나면서 처음 갖게 된 이름을 아명兒名 혹은 소자小字라 했다. 아명은 태명에서 영향을 받기도 하였고, 부모의 기대나 상황 등을 반영하여 다양하게 붙여졌다.

효종(1619~1659)은 그의 손자 숙종(1661~1720)의 아명을 용상龍祥이라 지었다. 며느리 침실에 용이 있는 꿈을 꾸었기 때문이었다. 신사임당(1504~1551)은 바다에서 뛰쳐나온 검은 용이 침실로 날아들어 아이를 품속에 넣어주는 꿈을 꾸었다. 이에 아들 이이

〈그림 1〉《단원 풍속도첩》 중 〈기와 잇기〉
(국립중앙박물관 소장).
김홍도의 풍속도에는 현재
이름을 알 수 없는 사람들의
다채로운 생활 모습이 담겨 있다.

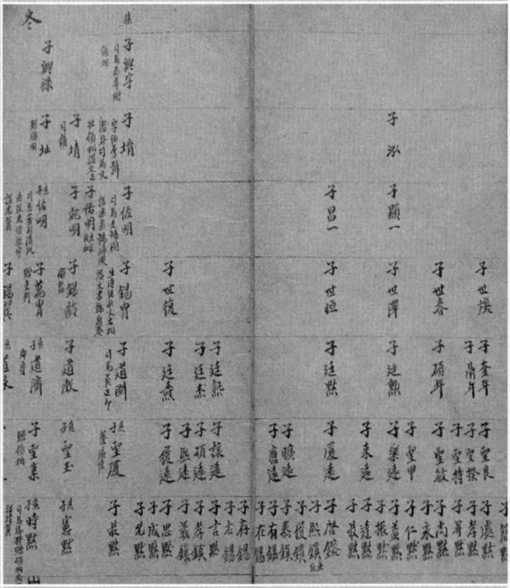

〈그림 2〉《청풍김씨세승록》
(국립중앙박물관 소장).
청풍 김 씨의 족보로 동일한
세대끼리 이름의 일부를 맞춘
흔적이 잘 드러나 있다.

(1536~1584)에게 현룡見龍이라는 아명을 지어주었다.

정제두(1649~1736)는 아들 정후일의 아명을 입천立天이라 했다. 사람이 욕망에 빠져 천성을 펼치지 못하므로 아들이 하늘을 섬겨 도를 세우길 바라는 마음에서 이 같은 아명을 지었다. 이밖에도 윤휴(1617~1680)의 아명은 두괴斗魁였는데, 아버지 윤효전(1563~1619)의 스승 정구(1543~1620)가 북두칠성의 손잡이인 세 별의 이름을 따 지은 것이었다. 정약용(1762~1836)의 아명은 귀농歸農으로 부친 정재원(1730~1792)이 귀향할 때 출생했기에 붙여졌다. 그러나 모두 위와 같은 방식으로 아명을 지은 것은 아니었다.

지금 세상은 자식을 사랑할수록 반드시 이름을 천하게 짓는다. 이와 같이 하는 것은 사나운 운수를 막기 위해서다. 그 뜻이 구차하다. 구거溝渠(도랑)와 분측糞厠(변과 변소) 같은 종류의 것도 모두 이름으로 지어 부른다. 의리에 어긋남이 심하다. 옛날에 사마상여司馬相如가 소명을 견자犬子로 하였는데, 후에 인상여를 흠모하여 이름을 상여로 고치었다. 너의 이름은 돈豚인데 지금 십일 세이니 돼지 행세한 것이 거의 사천 일이다. 해괴하지 않은가.

－박제가,《정유각집》중에서

당시엔 사나운 운수를 막고 무병장수를 기원하는 뜻에서 흔하거나 천한 아명을 붙이는 것이 좀 더 일반적이었다. 위 글에서 보이듯이 박제가(1750~1805)의 외사촌 동생은 '돈豚', 즉 아명이 돼지였다. 박제가는 사나운 운수를 막기 위해 더럽거나 천한 이름을 지어 부르는 세태를 부정적으로 생각했다.

양반집 아이가 성장하면 아명은 더이상 사용하지 않았고, 아버지 혹은 형이 정식 이름을 지어주었다. 보통 성인식인 관례를 치르면서 정식 이름을 받았기에 이를 관명冠名이라 부르기도 한다. 양반집의 경우 시조의 출신지[본관本貫]와 성姓은 이미 분명했고, 이름 중 한 글자는 친족 내 동일 세대끼리 글자를 맞추었다. 이는 부계 혈통의 종적인 관계[항렬行列]를 드러내기 위함이었다. 그러므로 개인의 고유 이름은 대체로 한 글자에 국한될 수밖에 없었다.

너의 사촌들이 모두 이름을 성誠 자로 하여 항렬자를 삼았으니, 이름을 규성葵誠이라 하면 좋겠다. 해바라기[규葵]는 해를 향하니 그러므로 옛날 충신들이 임금을 사랑하여 잊지 못하는 마음을 일러 규성이라 했다. 이 이름을 보존하고 항상 생각하여라. 타인이 옛 이름(돈)으로 부르거든 늘 이름을 고쳤음을 알리고 새로운 이름으로 부르기를 청하는 것이 옳다. 자字는 정해지지 않았으니 관례를 기다리자. 신묘 육월 고종사촌 형이 쓰다.

―박제가, 《정유각집》 중에서

박제가는 가문의 항렬자인 '성誠' 자에 '규葵' 자를 더하여 '규성' 이라는 외사촌 동생의 정식 이름을 완성했다. 정식 이름이 완성되면 명자설名子說 혹은 개명설改名說이라 하여 그 이름의 유래와 바람을 글로 지어 남겼다. 박제가도 사촌동생에게 '해바라기 규葵'를 이름으로 주며, 해를 바라보는 해바라기처럼 임금에게 정성을 다하라 일렀다. 동생은 형의 바람처럼 평생 자신의 이름을 곱씹으며 살았을 것이다.

어른이 좋은 뜻으로 지어준 정식 이름은 평생 소중히 여겨 자신도 함부로 쓰지 않았고, 타인도 마구 부르지 않았다. 정식 성명은 윗사람 앞에서 자신을 낮출 때 사용했다. 또한 공적인 자리나 문서에 주로 사용했다. 예컨대 호패戶牌, 호구단자戶口單子, 과거시험 답안지[시권試券], 족보 등과 같은 곳에 쓰였다. 타인이 정식 이름을 함부로 부른다면 그 자는 죄인에 해당될 뿐이었다.

성현, 왕, 아버지와 같은 윗사람의 이름은 더욱 귀중히 여겼다. 그리하여 일상생활에서 그들의 이름을 숨겼다. 이를 피휘避諱라한다. 피휘는 글자를 고치거나[개자改字], 비워 두거나[공자空字], 획을 일부 생략[결필缺筆]하는 방식으로 이루어졌다. 《세종실록》의 기사는 이러한 상황을 잘 보여준다.

개성유후 이도분李都芬이 임금의 이름과 음이 같아서 사분思芬으로 고쳤다.
-《세종실록》 권3, 세종 1년 1월 17일.

충청도 감사가 이도역利道驛을 이인역利仁驛으로 고치자고 청했다. 임금의 이름과 음이 서로 같음을 피하기 위해서였다.

〈그림 3〉 호패와 시권
(국립중앙박물관 소장).
왼쪽은 신재묵, 임성조,
조동완의 호패이다. 오른쪽은
왕세자의 입학, 관례, 가례를
축하하기 위해 치러진 과거에서
심상기가 제출한 답안지이다.
심상기의 이름이 맨
오른쪽에 보인다.

〈그림 4〉《조선왕조실록》에 보이는 노비의 이름.
일상에서만 부르던 이름을 종이에
옮기는 과정은 차자를 필요로 했다.

石乙金	突禿	梅突	姜阿之	都乡只	斗去非	牛屎	介叱同	老味	介老味	末年
돌쇠	맷돌	강아지	돼지	두꺼비	소똥	개똥	놈	개놈	말년

– 《세종실록》 권3, 세종 1년 4월 4일.

세종의 이름은 이도李祹다. 이도분과 이도역에 사용한 '도' 자는 세종의 이름 자와 다른 글자이지만, 왕의 이름과 발음이 같다는 이유로 이름을 바꾼 것이다.

다시 앞으로 돌아가보자. 성명을 공식적인 용도로 사용했다면 일상생활에서 호칭 문제는 어떻게 해결했을까. 당시 사람들은 자字와 호號를 통해 그 문제를 해결했다. 관례를 치르면서 아버지, 형, 스승, 친구 등이 자字를 지어주었고, 이것을 본명 대신 사용했다. 이름과 마찬가지로 자도 작명 후 자설字說을 써 간단한 풀이를 곁들였다. 일반적으로 자는 본명의 뜻과 직간접적으로 연관 있게 지어졌다. 자는 어른이나 친구들 사이에서 불렸고, 본명과 연관이 컸기에 아랫사람은 윗사람의 자를 함부로 부르지 않았다.

그래서 비교적 자유롭게 만들고 부를 수 있는 호號가 널리 사용되었다. 한 사람이 가질 수 있는 호는 제한이 없었고, 사후에 타인에 의해 만들어지기도 했다. 호는 다양한 방식으로 지어졌다. 겸손과 겸양을 보이는 뜻에서 '어리석다', '졸렬하다' 등의 의미를 가진 한자를 사용하기도 했다. 우재愚齋(어리석은 사람의 집·서재), 졸옹拙翁(졸렬한 늙은이) 등이 대표적이다.

말동未同이는 말똥이?

이처럼 조선시대 양반 남성은 평균 3개 이상의 이름을 소유했다. 그렇다면 노비와 여성은 어땠을까. 노비는 대부분 성이 없었고, 이름으로만 불렸다. 이들은 재산으로 취급되었기에 그 이름 또한 큰 뜻이 없었고 내키는 대로 불렸다. 그렇다면 노비의 이름은 누가 지었을까. 출생 직후 작명자는 알 수 없지만, 추후 개명은 노비의 소유주가 했던 것 같다. 조선시대 학자 오희문(1539~1673)의 일기를 보면 흥미로운 내용을 확인할 수 있다. 오희문은 1594년(선조 27) 10월 17일 '삼작질개三作叱介'와 '아작개阿作介'라는 이름의 여종 둘을 구매하였고, 일주일 뒤인 10월 23일에 그 이름을 덕개德介와 눌은개訥隱介로 고쳤다.

조금 더 살펴보면 당시에는 노비의 이름을 한자어뿐 아니라 고유어 혹은 한자어와 고유어의 합성을 통해 지었던 것 같다. 고유어가 포함된 이들의 이름을 표기할 경우 차자借字(한자의 음이나 뜻을 빌려 표기하는 방법) 등의 방법을 이용했다. 예컨대, 신라인 소나 素那는 그 이름을 금천金川으로 쓰기도 했다. 금천은 '쇠 금金'과 '내 천川'이라는 한자의 뜻을 빌려 표기한 것으로, '쇠내'로 소나와 발음이 유사하다.

《조선왕조실록》 등을 살펴보면 노비의 신분적 속성을 반영한 이름이 눈에 띈다. 노비는 그 존재가 흔하고 천했다. 이 때문에 물건·가축·대변에 빗대거나 속어를 사용하여 이름을 붙였다. 때로는 노비의 용모나 성격, 간지와 계절 등을 반영해서 이름을 지었다.[2] 이것은 다분히 작명자의 감정이나 부를 때의 편의성이 영향을 미친 것이었다. 양반에게 노비는 생필품과도 같았다. 따라서 언제 어디서든지 부를 수 있는 이름을 선호하였을 것이다. 예컨대, 얌전也音田, 모지리毛知里, 사월四月, 오월五月 등의 이름은 기억하기 쉽고 부르기 편하다.

사람뿐 아니라 세상의 모든 것들은 이름이 주어짐으로써 존재의 의미와 가치를 얻게 된다. 조선시대 지배계급은 자신들의 존재를 다수의 이름으로 표현했다. 또한 그 수만큼이나 다양한 권리를 누리며 입신양명의 길로 나아갔다. 노비는 이름이 있으되 스스로 내놓을 만한 것은 아니었다. 조선 후기에 이르면 많은 노비들이 해방되거나 그 신분을 탈바꿈할 때 제일 먼저 지배층의 성관과 이름을 모방하기 시작했다. 이는 과거의 혈통을 숨기는 것이기도 했지만, 신분에 따른 여러 제약을 넘어서기 위한 욕망이기도 했다.

소사召史는 몇 명일까?[3]

그렇다면 조선시대 여성의 이름은 어떠했을까. 당시 학자 유형원(1622~1673)은 "일반적으로 부인은 타인(남편)을 따르는 사람이니 비록 그 이름이 있어도 다른 사람이 부를 때는 반드시 그 시집[부가夫家]의 성으로 부르고, 직접 그 이름을 지적하는 경우는 없다"고

〈그림 5〉《신증동국여지승람》에 소개된 열녀.
왼쪽엔 남편이 죽고 부모가 재혼을 강요하자
목을 매었다는 경기도 양근군의 아전
이순명李順命의 아내 옥금의 이름이 보인다.
오른쪽엔 남편이 범에 물리자 필사적으로
구출했다는 충청도 정산현 정병正兵(양인 농민 군인)
이윤李允의 아내 옥배 이름이 실렸다.

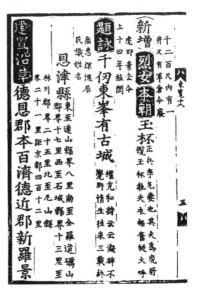

했다. 또한 "스스로 소개할 때도 지금 아무개 댁, 아무개 처라 말한다" 했다. 즉, 여성의 이름은 일상에서 불리지 않은 것이다.

이는 19세기까지도 지속되었던 것으로 보인다. 프랑스 신부 샤를르 달레Claude Charles Dallet(1829~1878)가 정리한 《조선교회사서론》에도 이러한 실정이 자세히 기록되어 있다.

여자는 이름이 없다. 거개의 처녀들의 어떤 별명을 받고, 나이를 더 먹은 친척이나 집안 친구들이 그들의 어렸을 때만 그 별명으로 그들을 부름은 사실이다. 그러나 그들이 과년만 차면 부모만이 그 이름을 부를 수 있고, 집안의 다른 사람들은 남들과 마찬가지로, 아무개의 딸, 아무개의 누이와 같은 완곡한 표현을 쓴다. 시집간 뒤에는 여자는 이름이 없어진다. 친정 친척들은 대개의 경우 그 여자가 출가한 고을 이름으로 부르고, 시가 친척들은 시집오기 전에 살던 고을 이름으로 부른다. 때로는 간단히 아무개(남편의 성)댁이라고만 부르는 수도 있다. 그 여자에게 아들이 있으면, 예의상 아무개의 어머니라고 불러야만 한다. 법정에 출두해야 될 때는 수령이 공판의 편의상 재판이 계속되는 동안 직권으로 그 여자에게 이름을 붙여 준다.

–〈여성의 처지·결혼〉, 《조선교회사서론》 중에서

당시 여성의 이름은 보통 두 가지 경우에만 세상에 드러났다. 먼저 비상한 상황에서 절개를 굳게 지켜 후세에 모범이 될 만하면

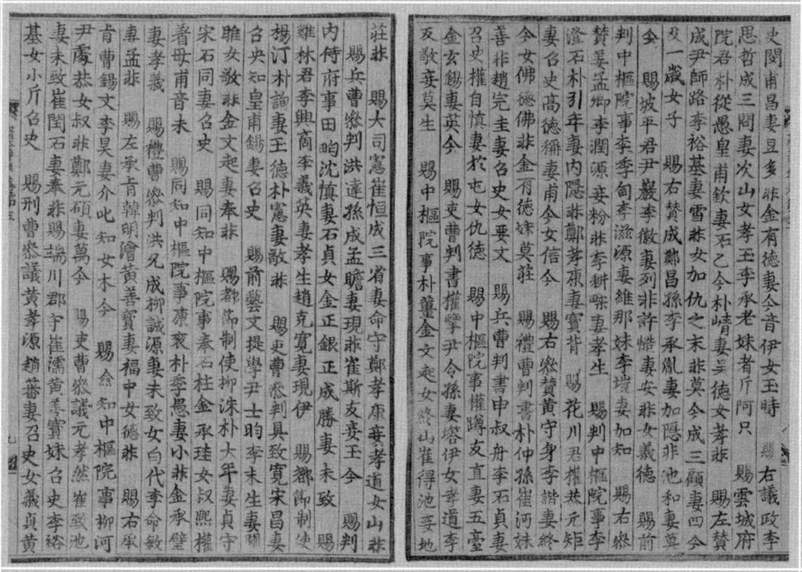

지리지나 행실도行實圖에서 그 이름을 소개했다.

다음으로는 역모와 같은 범죄에 연좌되었을 때 그 실명을 확인할 수 있었다. 조선 세조 대에 발생한 단종 복위사건이 대표적이다. 세조는 단종 복위사건 가담자와 관계된 부녀자들을 다른 공신에게 노비로 나누어 주었는데, 이들의 이름이 《세조실록》에 하나하나 기재되어 있다. 박팽년(1417~1456)의 아내는 김옥금金玉今, 성삼문(1418~1456)의 아내는 김차산金次山, 딸은 성효옥成孝玉, 이개(1417~1456)의 아내는 이가지李加知인 것을 확인할 수 있다.

조금 더 살펴보면 이 기사에는 '소사'라는 이름이 반복적으로 등장하여 주목을 끈다. 소사召史는 '조이', '죠시' 등으로 읽는다고 한다. 이는 《동국신속삼강행실도》의 한글 표기에서 소사召史가 조이로 읽히는 것과 관계 깊다. 대개 6~7세 소녀를 가리키는 보통명사였는데, 양민의 아내 혹은 과부를 일컫는 말로 의미가 확장되었다. 즉 상대적으로 신분이 낮은 여성을 통칭하는 단어인 것이다. 우리가 잘 알고 있는 옛이야기 '콩쥐팥쥐'에서의 '쥐' 역시 조시, 죠이가 변형되어 뒤에 붙은 것이다.[4]

조선은 인간관계의 도덕적 질서를 통해 사회의 안정을 유지하고자 했다. 이에 모든 사람은 이름에 따른 자신의 정도를 지키는 것이 중요했다. 양반은 양반답게, 노비는 노비답게, 남편은 남편답게, 아내는 아내답게 자신의 역할에 순응하는 것이 사회를 바로잡는 것이었다. 조선시대 개인 이름은 신분을 표현하였고, 자신이 지켜야 할 질서에 다름 아니었다.

역대 교과서에 소개된 조선시대 사람은 왕을 중심으로 한 지배
계급이 대부분이다. 이들은 당시에도 신분적인 한계 없이 활동하
였고, 지금까지 그 이름을 전한다. 물론 이들의 활동은 조선시대
사 학습에서 중요한 의미를 지니고, 그 이름은 기억해둘 가치가
있다. 그러나 조선이라는 국가체제 속에서 일상을 열심히 살았던
사람들의 이름도 한번쯤 떠올릴 수 있다면, 당시의 모습을 더욱
다양하고 풍부하게 상상해볼 수 있을 것이다. *편소리

02

'을'들의 전쟁,
1925년
예천사건

선한 약자와 악한 강자의 대결이 아닌 약자들 사이의 대립,
'갑'이라 할 수 없었던 '을' 간에 벌어진 전쟁,
그것이 1925년 예천사건이다.

가해자가 된 사회적 약자들

1926년 3월 23일 오후 1시. 대구지방법원 제2호 법정에는 많은 방
청객이 몰렸다. 준비된 방청석이 거의 만원이 될 만큼 곧 시작될
재판에 많은 이들의 눈과 귀가 쏠렸다.[1] 재판을 방청하기 위해 모
여든 사람들 앞에 13명의 피고인이 곧 시작될 재판을 기다리고 있

었다. 그들은 누구일까?

재판장과 검사가 들어오자 재판이 시작됐다. 재판은 피고인들 주소지와 이름을 묻는 것으로 시작됐다. 예천군醴泉郡 예천면醴泉面 노상동路上洞 남○○, 동同 이○○, 동 박○○……. 피고인들의 주소지와 성명을 확인한 결과 13명의 피고인 모두 경상북도 예천에 사는 사람들이었다. 그들은 무엇 때문에 이 법정에 서게 된 것일까? 모든 것은 약 8개월 전 예천에서 시작됐다.

1925년 8월 9일 예천군 예천면 거리에 한 대의 자동차가 지나 갔다. 자동차에서는 행사 개최를 알리는 전단지 수천 장이 뿌려졌다.[2] 전단지는 예천 형평사衡平社 창립 2주년 기념식을 알리는 내용이었다.[2] 형평사는 백정白丁 출신들이 만든 사회단체였다. 백정은 조선시대 천민이자 사회적으로 차별받는 대표적인 계층이었다. 그들은 이름과 주거 공간에서 크게 차별받았으며, 다른 신분과의 결혼도 엄격하게 금지됐다. 백정에 대한 법적 차별은 1894년 갑오 개혁으로 신분제가 철폐되면서 공식적으로는 사라졌다.

그러나 사람들의 인식은 쉽게 바뀌지 않았다. 많은 사람들은 여전히 백정 출신을 '천한 존재'로 보았고, 백정 출신에 대한 차별과 멸시는 사라지지 않았다. 형평사는 이런 상황을 바꾸기 위해 만들어진 단체였다. 1923년 진주에서 처음 형평사가 결성된 이후 백정 출신들의 호응 속에 전국 각지에서 형평사가 속속 만들어졌다. 예천에서도 1923년 8월 무렵 형평사가 만들어졌다. 그리고 2년이 지난 1925년 8월 9일 예천 형평사는 창립 2주년을 기념하는 대대적적인 기념식을 준비했다.

기념식은 8월 9일 오후 3시부터 예천군 예천면 남본동에 있었던 박원옥의 집에서 개최됐다. 박원옥은 예천 형평사의 회장으로 그의 집은 예천 형평사 회관으로도 사용됐다. 기념식장에는 많은 형평사원과 방문객들이 모였다. 기념식은 개회사를 시작으로 축사가 이어지며 순조롭게 진행됐다. 문제가 생긴 것은 예천청년회 회장 김석희金碩熙가 연단에 오르면서부터였다. 김석희는 자수성가한 사업가이자 예천청년회, 소작인상조회에서 활동하며 예천에서는 상당히 이름난 인물이었다. 지역 명망가인 김석희가 예천 형평사 2주년 기념식에 참가한 것은 자연스러운 일이었다. 문제는 그의 발언이었다. 그는 연단에 올라서서 다음과 같이 말했다.

국법을 어기다가 백정이 된 것이다. 그러니까 백정을 압박하는 것이 결코 개인의 죄악이나 사회의 죄악이 아니다. 지금은 좋은 시대를 만나 형평운동이 일어나기 전부터 칙령으로 차별을 철폐했으니까. 형평사는 조직할 필요가 없다.
─《조선일보》1925. 8. 14.

김석희는 백정에 대한 차별을 옹호하고 형평운동을 쓸모없는 것처럼 말했다. 형평사 기념식에서 나왔다고 믿기 어려운 발언이었다. 김석희가 이때 왜 이런 말을 했는가에 대해서는 분명하게 알 수 없다. 그러나 김석희의 발언이 가져올 파장을 예상하기란

〈그림 1〉 **1926년 무렵 재판 모습.**
사진 속 재판의 주인공은 송학선이다.
당시 송학선은 조선총독 사이토 마코토
암살을 시도했다가 실패하고 재판에
넘겨진 상태였다. 그는 이 재판을 통해 사형을
언도받고 1926년 11월 형장의 이슬로 사라졌다.
《동아일보》 1926. 7. 16).

〈그림 2〉 **김석희의 모습.**
당시 신문 보도에 따르면 김석희는 매우 가난한
가정에서 태어나 일찌감치 상업에 투신한 인물로
1920년대 무렵에는 예천에서 이름난 사업가로
성장한 전형적인 자수성가형 인물이었다.
《동아일보》 1925. 3. 23).

어렵지 않다. 그의 발언은 기념식장에 모인 형평사원을 자극하기 충분했기 때문이다. 기념식장의 분위기는 한순간에 격앙됐다. 형평사원들은 김석희에게 분노의 말을 쏟아내거나, 발언의 의도가 무엇인지 질문하며 격렬하게 반발했다. 백정에 대한 차별을 옹호하고 형평운동을 쓸모없는 것으로 치부하는 발언에 형평사원들이 민감한 반응을 보인 것은 당연했다.

기념식장의 분위기가 격앙되자 김석희도 한발 물러설 수밖에 없었다. 그는 자신의 발언이 형평운동을 반대하는 것은 아니라고 해명하며, 격앙된 분위기를 진정시키려 했다. 그러나 소용없었다. 형평사원들의 분노는 쉽게 사그라들지 않았다. 이때 기념식을 감시하던 일제 경찰도 기념식장에 감도는 거친 공기를 감지했다. 상황이 심각해지자 경찰이 개입했다. 경찰은 격렬하게 반발한 몇몇 형평사원을 저지했다. 이에 형평사원들도 더이상 격한 행동을 할 수 없었다. 형평사원들의 분노는 점차 잦아들었고, 기념식은 그렇게 마무리됐다. 그러나 그것은 폭풍 전야의 고요함이었다.

"백정들을 다 죽여라, 밟아 죽여라"

한편 예천면에서는 기념식장의 형평사원들이 보인 분노와는 또 다른 기운이 감돌고 있었다. 예천면 거리에 심상치 않은 말이 떠돌았다. 예천 형평사가 만들어진 이후 형평사원들의 태도가 불손

하여 더이상 두고 볼 수 없으니, 그들을 박멸하자는 말이었다. 사실 형평사는 결성 당시부터 모든 사람들에게 호응을 받은 것은 아니었다. 형평사를 마땅치 않게 생각하는 사람들이 도처에서 나타났다. 형평사가 결성된 이후 1923년부터 1925년까지 신문지상에 형평사를 둘러싼 갈등만 44건이 보도됐다. 신문지상에 보도되지 않았을 갈등까지 감안한다면 그 사례는 더 많았을 것이다. 사람들은 백정이 양반이 되려고 한다며 형평사를 거부하거나, 언동이 불순하다는 이유로 형평사원을 폭행했다. 형평사에 대한 반감이 식민지 조선 곳곳에서 적잖게 나타났다.

예천도 예외가 아니었다. 당시 예천면에서는 어떤 백정 출신 여성이 다른 여성에게 "자신은 예전과 같은 백정이 아니라 당당한 인격을 가진 사람이며, 다른 사람들과 대등한 권리를 행사할 수 있다"고 말했다는 소문이 퍼져 있었다.[3] 그 소문을 접한 예천면 사람들은 백정들이 '무례한 언동'을 한다고 여겼다. 예천의 많은 사람들은 '백정'이 자신들과 동등한 위치에 서는 것을 마뜩치 않게 본 것이다.

이런 상황에서 기념식장에서 있었던 일은 형평사에 반감을 가지고 있던 사람들을 더욱 자극했다. '백정'이 또다시 '무례한 태도'를 보였다고 생각한 사람들이 예천면의 한 제방으로 모여들었다. 그들은 형평사원들의 태도를 비난하며, 형평사 공격을 모의했다.[4] 형평사와 형평사에 반감을 가진 사람들 사이의 충돌은 피할 수 없는 상황이 됐다. 폭탄의 도화선에 불이 붙여졌다.

안타깝게도 도화선은 그리 길지 않았다. 형평사원들이 저녁 시간이 되어 뿔뿔이 흩어진 사이, '한 무리의 사람들'이 기념식이 열렸던 박원옥朴元玉의 집으로 쳐들어갔다. 그들은 "백정들을 다 죽여라, 밟아 죽여라"고 살기등등한 말을 외치며, 기념식 설비를 때려 부수고 박원옥을 구타했다.[5] 형평사와 '백정'에 대한 강한 반감을 적나라하게 드러낸 것이다. 그러나 이것이 끝이 아니었다. 형평사에 대한 공격은 계속됐다.

다음날 1925년 8월 10일 밤 11시경 '한 무리의 사람들'이 다시 형평사를 습격했다. 그런데 예천 형평사도 첫 번째 공격 때처럼 무방비한 상태는 아니었다. 형평사원들도 몽둥이 등으로 무장을 하고 다시 습격해올 때를 대비했다. 일촉즉발! 자칫하면 양측 모두 다수 사상자가 날지도 모를 상황이었다. 이때 주변에서 사태를 주시하던 일제 경찰이 개입했다. 경찰은 양측의 충돌을 막고 형평사를 공격한 사람들을 해산시켰다. 부상자가 4~5명 정도 발생하긴 했지만 다행히 최악의 상황은 피할 수 있었다.

치안의 시야 밖, 폭력의 연속

상황이 심각해지자 일제 경찰도 더이상 두고 볼 수 없었다. 다음날인 1925년 8월 11일 경찰은 예천 형평사와 관계있는 사람들을 모두 불러모았다. 이 자리에서 예천경찰서장은 두 번의 충돌사건에 대한 해결책을 제시했다. 경찰이 내놓은 대책은 크게 세 가지

〈그림 3〉 조선형평사 전국대회 포스터.

1923년 진주에서 결성된 형평사는 백정 출신들의 열렬한 호응 속에 빠르게 세력을 확대하여, 식민지 조선에서 유력한 사회단체 가운데 하나로 성장했다 (국내 독립운동·국가수호 사적지 사이트에서 인용).

〈그림 4〉 형평사원과 다른 계층의 갈등을 그린 만평.

이 만평에서 형평사원은 갓을 쓴 사람에게 양반이라고 외치며 주먹을 쥐고 있다. 그를 바라보는 상대편의 얼굴에는 매우 놀란 기색이 역력하다. 당시 형평운동을 통해 변한 백정들의 인식과 이를 바라보는 다른 계층의 시선이 적나라하게 드러나고 있다(《동아일보》 1924. 5. 20).

였다. 첫째, 외부에서 온 방문객은 빨리 예천 밖으로 나갈 것. 둘째, 예천 형평사에 예천 신흥청년회는 가입하지 말 것. 셋째, 상호 간 신사적이고 온건한 태도를 취할 것이었다.[6]

일제 경찰이 제시한 대책을 보면 경찰은 충돌 자체에는 큰 관심이 없었다. 그들의 관심은 다른 데 있었다. 경찰의 첫 번째, 두 번째 대책이 그것을 잘 보여준다. 경찰의 목표는 예천사건을 적절하게 통제하는 데 있었다. 특히 경찰은 예천 형평사와 '외부세력'을 분리시키는 데 주력했다. 예천 신흥청년회를 언급한 두 번째 조항은 이런 의도를 잘 보여준다. 예천 신흥청년회는 1925년 2월 결성된 예천 지역 청년단체다. 이들은 무산계급을 위한 청년단체임을 표방하고, 예천 형평사의 회원으로 가입해 강한 연대를 구축했다. 일제 경찰이 볼 때 예천 형평사와 '외부세력'의 연대는 '불온'한 일이었다. '외부세력'을 통해 예천 형평사가 자신들의 통제에서 벗어날 것을 우려했기 때문이다.

일제 식민권력은 형평사 같은 사회단체가 '지정된 위치'에서 벗어나지 않기를 원했다. 권력의 통제에 따라 사회체제가 '지정된 위치'를 벗어나지 않는 것은 '치안유지'를 위해 중요했다. 예천사건이 발생한 이후 식민권력이 형평운동의 '온순함'과 '순수함'을 강조했던 것은 식민권력의 속내를 잘 보여준다.[7] 따라서 일제 경찰에게 이틀 동안 발생한 충돌은 자신들의 걱정거리를 없앨 좋은 기회였다. 식민권력은 이 기회를 이용해 사회세력 사이의 연대를 막고 저항의 에너지를 분산시키는 데 집중했다. 사건의 원인을 찾거나 약자를 보호하는 것은 모두 부차적인 것에 불과했다.

일제 경찰과 이야기를 마치고 장지필張志弼, 이소而笑, 김남수金南洙 등은 경찰서를 떠나 예천 형평사로 이동했다. 장지필과 이소는 형평사 결성 초기부터 형평운동에 가담한 인물로 1925년 무렵에는 형평사 중앙총본부 간부였다. 김남수는《조선일보》안동지국장이자 조선공산당에 가담한 사회주의자였다. 세 사람 모두 예천 형평사 창립기념식에 방문객으로 참석한 인물로 일제 경찰이 예천형평사와 갈라놓으려고 했던 '외부세력'이었다.

세 사람이 예천 형평사에 도착할 무렵, 다시 많은 사람들이 예천 형평사로 모여들었다. 그들은 장지필과 이소를 결박하고 몽둥이로 사정없이 구타하며 "항복해라. 지금부터는 이전과 같이 백정으로 살겠다고 다짐하라"고 강요했다. 장지필과 이소는 생명이 위독할 정도로 구타를 당했지만 다행히 응급치료를 받고 생명을 구할 수 있었다. 한편 장지필과 이소를 공격한 사람들은 예천면내를 돌아다니며 형평사원의 집을 수색하고 남녀를 불문하고 구타했다. 많은 형평사원들이 그들을 피해 산과 들에서 밤을 지새울 수밖에 없었다. 서늘한 광기가 한여름 밤의 예천을 휩쓸었다.

폭력의 당사자들: 하층 노동자들과 백정

다시 1926년 3월의 대구지방법원으로 돌아가자. 재판을 기다리던

13명의 피고인은 바로 1925년 8월 예천 형평사를 공격한 사람들이었다. 예천 아니 식민지 조선을 떠들썩하게 했던 예천사건의 피고인들은 어떤 사람들이었을까? 재판기록을 보면 피고인 상당수는 '머슴'이라고 불렸던 농업노동자였다. 식민지시기 농촌에는 '머슴'으로 고용되어 농업노동을 하는 사람이 많았다. 보통 '머슴'이라고 하면 조선시대 노비를 생각하기 쉽다. 그러나 식민지시기 농촌의 '머슴'은 현재의 비정규직 노동자와 비슷했다. 계약 기간이 끝나면 다른 고용주를 찾아 떠날 수 있었으며, 일자리를 찾아 이 마을, 저 마을을 떠돌아다녔다. 이것은 예천에서도 마찬가지였다. 예천사건의 피고인들 가운데 본적과 거주지가 다른 사람들이 있다. 아마 이들도 일자리를 찾아 다른 마을로 이동한 것이다. 예천 형평사를 공격한 사람들은 일자리를 찾아 여기저기를 떠도는 불안정한 삶을 사는 사람이었다.

또한 예천 형평사를 공격한 사람들 중에는 날품팔이와 짐마차 마부 같은 일용직 노동자도 있었다. 이들은 고된 육체노동을 하며 하루하루 힘들게 살아가는 사람들이다. 또한 농업에 종사한다고 표시된 사람들 역시 당시 농촌 상황을 볼 때 대체로 다른 사람의 땅을 빌려 농사 짓는 소작인으로 보인다. 이처럼 재판기록에 나타난 예천사건의 피고인들은 대체로 사회 하층에 속하는 사람들이었다.

그렇다면 한 가지 의문이 제기된다. 사회에서 하층에 속한 사람들은 왜 형평사원들을 공격한 것일까? 쉽게 생각할 수 있는 것은

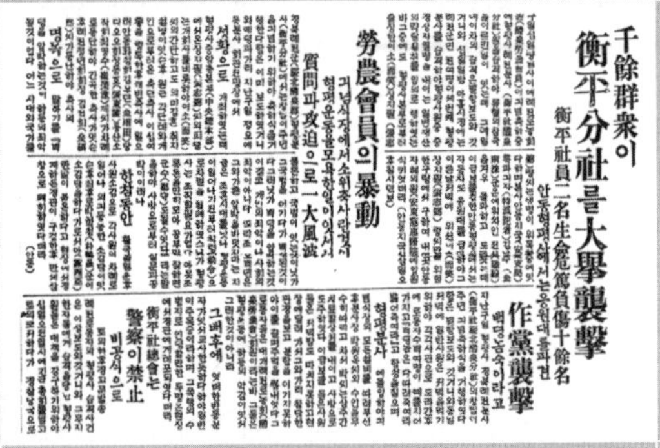

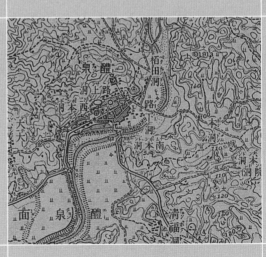

千餘群衆이 衡平分社를大擧襲擊

衡平社員二名生命危篤負傷十餘名

안동형평사에서는응원대를파견

作黨襲擊

백정놈들이라고

勞農會員의暴動

質問파攻迫으로一大風波

衡平社總會는

警察이禁止

비공식으로

그뒤후에

〈그림 5〉

당시 신문들은 예천 형평사 습격에 500여 명 혹은 수 천 명 정도가 가담했다고 보도했다. 이 숫자가 정확한 것인지는 단언할 수 없다. 그러나 적지 않은 사람들이 참가한 것은 분명해 보인다. 형평사원들에 대한 분노를 많은 사람들이 공유했던 것이다.

(《조선일보》 1926. 8. 14).

〈그림 6〉 1918년 무렵 예천면 일대 모습.

예천면 읍내는 1910년대 후반 이미 상당히 발달해 있었다. 1925년 예천 형평사사건은 바로 이 일대를 중심으로 전개되었다(출처: 조선오만분일지형도 朝鮮五万分一地形圖). [17-3-9]: 예천醴泉(상주구호尙州九號 조선국사편찬위원회 한국사데이터베이스 한국 근대 지도자료에서 인용).

'백정'에 대한 뿌리 깊은 차별의식이다. 1920년대에도 여전히 '백정'에 대한 차별의식은 강하게 남아 있었다. 그러나 차별의식이 있다고 해서 반드시 예천사건 같은 폭력을 동반하진 않는다. 폭력이 나타난 것에는 또 다른 이유가 있었을 것이다.

이때 주목해야 할 것은 백정 출신들의 직업/직종 변화다. 일반적으로 백정들이 천민으로 불린 것은 그들이 도살업이나 유기 제조 같은 천하다고 여겨진 직업에 종사하기 때문이다. 즉 차별과 직업이 연결되어 있었다. 따라서 백정 출신들의 입장에서 도살업이나 유기 제조 같이 전통적으로 종사해 왔던 일에서 벗어나는 것은 곧 자신을 구속하던 신분에서 벗어나는, 자기 해방이었다.

백정 출신들이 전통적인 직업에서 벗어나는 것은 1923년 형평사가 결성된 이후 두드러지게 나타났다. 1924년부터 1926년까지 백정 출신들은 전통적인 직업이라고 할 수 있는 도살업, 유기 제조 등에서 벗어나 새로운 직업으로 이동하기 시작했다. 백정 출신들이 선택한 새로운 직업 가운데 하나가 농업이었다. 농업은 식민지시기 대부분의 사람들이 종사했던 분야이자 소위 '보통사람들'이 종사하는 대표적인 분야였다. 즉, 백정 출신들이 농업 분야로 진출한다는 것은 곧 백정 출신들과 '보통사람들'이 동등해진다는 것을 의미했다.

삶이라는 전쟁, 불안한 미래 앞에서

그러나 백정 출신의 농업 진출은 다른 계층의 사람들에게는 자신들의 경쟁자가 늘어나는 것이었다. 식민지시기 농촌 특히 한반도 남부 지방의 경우 토지에 비해 인구가 많은 상태였다. 한반도 남부 지방에서 농업에 종사하려면 다른 지방보다 더 많은 이들과 경쟁해야 했다. 예천에 사는 사람들 역시 농업시장을 두고 치열한 경쟁을 벌여야 했다. 여기에 1924년부터 경상북도 지역을 덮친 가뭄은 농업이 주요산업인 예천 지방을 뒤흔들었다. 당시 신문기사를 보면 예천은 보리농사는 물론 벼농사마저도 가뭄과 병충해로 인해 큰 타격을 입었으며, 인심마저 극도로 흉흉해질 정도로 어려운 상황이었다. 이런 상황은 이듬해인 1925년까지 이어졌다. 1925년 4월 무렵까지 예천에서는 가뭄의 여파로 걸인들이 넘쳐났다.

결국 더이상 농사만으로 먹고 살기 어려워진 사람들은 일자리를 찾아 읍내인 예천면으로 모여들기 시작했다. 당시 예천면은 예천에서 가장 발달한 곳이었고, 그만큼 일자리가 가장 많은 곳이기 때문이었다. 그러나 예천면의 일자리도 무한한 것은 아니었다. 사람들이 너무 많이 몰려든 나머지 읍내에서는 품팔이도 쉽게 구할 수 없게 된 것이다.[8] 1925년 무렵 예천 사람들의 삶은 여러 가지로 불안정했다.

이런 상황에서 백정 출신들이 그간 농민·노동자들이 도맡아 왔던 분야에 뛰어들었다. 농업을 통해 혹은 노동을 통해 삶을 이어가던 하층 노동자들은 백정 출신들을 노동시장과 농업시장의 경쟁자로 마주했다. 자신들의 삶을 이어가기 위해선 상대방을 눌러야만 했다. 이는 백정 출신도 마찬가지였다. 백정 출신 역시 자신들의 삶을 유지하기 위해 또는 자신을 구속하던 낙인에서 벗어나 다른 삶을 찾기 위해 새로운 분야로 이동할 수밖에 없었다.

이처럼 농민·노동자들과 백정 출신들은 모두 불안정한 삶에 직면해 있었다. 특히 사회 하층에 속한 농민·노동자들은 새로 등장한 경쟁자가 그동안 무시해왔던 '백정'이라는 사실이 큰 위기감으로 다가왔다. 문제는 이런 암담한 현실과 마주했을 때 사람들의 분노는 자신들보다 강한 사람에게 향하기보다, 자신보다 약하게 보이는 집단에게 향할 가능성이 높다. 그 대상이 오랫동안 멸시해왔던 존재라면 더욱 그렇다.

불안정한 삶과 자신보다 낮다고 생각하던 사람들이 경쟁자가 된 현실이 주는 위기감은 결국 폭력이라는 극단적인 선택을 불러왔다. 예천 형평사를 공격한 사람들이 "이전과 같은 백정으로 살겠다"는 다짐을 강요했던 것은 백정을 낮춰 보는 차별의식을 드러낸 것인 동시에 불안정한 삶에 대한 두려움과 새롭게 등장한 '경쟁자' 인 백정 출신에 대한 위기의식에서 나온 울부짖음은 아니었을까? 물론 예천사건의 피고인들이 드러낸 백정 출신에 대한 혐오나 폭력은 정당화될 수 없다. 그것은 분명 잘못된 행동이며 비판받아야 한다. 그럼에도 우리는 비판과 함께 혐오와 폭력의 이면에 무엇이 있는지 곱씹을 필요가 있다.

무지와 음모론 사이

1925년 예천사건은 예천뿐 아니라 식민지 조선에 상당한 파장을 일으켰다. 신문에서는 연일 예천 상황을 보도했고, 예천사건을 어떻게 바라볼 것인가를 이야기했다. 당시 《조선일보》, 《동아일보》 같은 신문은 예천사건을 보도하며 과거의 관습에 따라 '백정'을 차별한 농민·노동자를 비난했고, 그들의 '무지'를 깨우쳐야 한다고 주장했다. 당시 언론의 눈에 농민·노동자는 아직 계몽되지 못한 무지한 존재들에 불과했다.

그렇다면 사회운동세력은 예천사건을 어떻게 바라봤을까? 그들은 아직 계급의식이 투철하지 못한 농민·노동자들을 누군가 배후에서 선동해서 일어난 사건으로 보았다. 예천사건의 이면에 모종의 배후세력이 존재한다고 보았다. 이른바 '음모론'을 주장한 것이다. 사회운동세력이 지목한 배후세력은 김석희와 그가 회장을 맡았던 예천청년회였다. 실제로 김석희는 예천 형평사 창립 2주년 기념식에서 문제적 발언을 했고, 예천사건 재판에서도 무혐의로 풀려났기 때문에 의심을 받기에 충분했다. 그러나 사회운동세력의 주장은 심증만 있을 뿐 그대로 믿기에는 확실한 증거가 부족했다.

여기서 주목해야 할 것은 배후세력의 실재 여부보다 이 사건을 대하는 사회운동세력의 태도다. 사회운동세력들은 배후세력의 존재와 그들의 음모를 강하게 주장함으로써 예천사건에서 나타난 농민·노동자들과 백정 출신 사이의 갈등을 외면했다. 어쩌면 사회운동세력은 '음모론'을 강하게 주장함으로써, '같은 편'이라고 이야기했던 농민·노동자와 백정 출신 사이에 만들어진 갈등을 파악하지 못했던 자신들의 '실패'를 감추고 싶었던 것은 아닐까?

이렇게 예천사건을 둘러싼 식민지 조선의 반응은 '무지의 표출'과 '음모론' 사이를 오가고 있었다. 이런 시각은 예천사건의 근본적인 원인을 찾기보다 특정세력에게 책임을 전가시킴으로써 사건의 의미를 단순하게 만드는 것이라고 할 수 있다. 언론이나 사회운동 세력 모두 예천사건의 근본적인 원인을 찾지 못했다. 단지 자신들의 편견을 드러내거나 '실패'를 감추는 데 급급할 뿐이었다. 이것이 1925년 식민지 조선에서 예천사건이 이야기되는 방식이었다.

그렇다면 예천사건의 당사자인 13명의 피고인들은 어떻게 됐을까? 그들의 재판이 어떻게 진행됐는지 파악하기 쉽지 않다. 신문에는 그들이 재판에 넘겼다는 기사만 있을 뿐 재판 과정이나 결과를 언급한 기사를 찾을 수 없다. 예천사건을 둘러싼 식민지 조선 사회의 관심은 예천사건을 둘러싼 이야기에만 집중되었을 뿐 정작 당사자에게는 닿지 않았던 것이다. 역설적으로 예천사건에서 당사자들은 철저하게 배제됐다.

그럼 정말 13명의 피고들이 어떻게 되었는지 알 길은 없을까? 다행히도 국가기록원에 남아 있는 판결문을 통해 그들이 어떻게 되었는지 알 수 있다. 판결문에 따르면 피고인들 가운데 5명은 징역 6개월을 언도받았고, 2명의 피고가 벌금 50원, 5명의 피고가 벌금 30원의 벌금형을 선고받았다.[9] 피고인들이 사회적으로나 경제적으로 하층에 속한 사람들이 많았다는 것을 생각하면 이들에게 내려진 형벌은 가볍지 않았다.

1925년 예천사건, 그 오래된 현재

1925년 예천사건을 주도했던 것은 농업노동자, 일용직 노동자, 영세 농업 종사자인 하층 노동자·농민이었다. 불안정한 삶을 살아온 이들은 오랫동안 천하게 생각했던 백정 출신들이 새로운 경쟁자로 등장한 현실에 위기감을 느꼈다. 한편 공격을 받았던 백정 출신들도 여전히 남아 있었던 차별의식에 시달렸다. 그래서 이들은 자신들의 발목을 잡던 '백정'이라는 낙인을 떼기 위해 형평운동을 시작했고, 새로운 분야로 진출했다. 한정적인 노동시장과 농업시장에서 양쪽 모두 자신의 삶을 유지하기 위해 서로 경쟁할 수밖에 없었다.

여기에 오랫동안 이어진 백정에 대한 차별의식과 불안정한 예천 지방의 상황이 맞물리면서 사회 하층민과 백정 출신 사이에 대립이 폭발한 것이 1925년 '예천사건'이었다. 다시 말하면 선한 약자와 악한 강자의 대결이 아닌 약자들 사이의 대립, '갑'이라 할 수 없었던 '을' 간에 벌어진 전쟁, 그것이 1925년 예천사건이다.

우리는 이 사건을 어떻게 바라보아야 할까? 예천사건에서 우리가 주목해야 할 것은 이 사건이 사회적 약자, 즉 '을' 사이에 벌어진 '대립과 폭력'이며, 이것이 지나간 과거의 일만은 아니라는 점이다.

최근 우리는 사회 곳곳에서 분노의 목소리가 터져나오는 것을 볼 수 있다. 많은 사람들이 자신이 처한 부당한 현실에 목소리 높여 분노한다. 그러나 정작 그 분노가 누구에게 향하는지는 제대로 바라보지 못하는 경우가 많다. 사람들의 분노는 많은 경우 자신보다 약하다고 생각하는 사람들에게 향한다. 다르게 말하면 '을'로서 느끼는 분노를 또 다른 '을'을 향해서 쏟아내는 경우가 나타난다. 그런 의미에서 1925년 예천사건은 더이상 과거의 사건일 수 없다. 우리가 살고 있는 지금이 또 다른 1925년 8월의 예천일 수 있기 때문이다. 그리고 우리들도 언제든 또 다른 예천사건의 가해자거나 또는 피해자가 될 수 있다. 따라서 1925년 예천사건은 지나간 '그들'의 역사가 아닌 현재를 사는 '우리'의 역사이며 '오래된 현재'다.

이처럼 역사 속에는 교과서에서 볼 수 없는 '이름 없는 사람들', '갑' 앞에 머리를 숙여야 했던 '을'들이 서로 부대끼며 살아가는 이야기가 있다. 이런 역사들은 그동안 국가권력에 의해 굳이 알 필요가 없는 것으로 치부되어 삭제되어왔다. 그러나 지금 우리에게 필요한 역사는 교과서에서 볼 수 있는 '특별한 사람들만의 위대한 이야기'가 아니라 우리 곁에 있는 '이름 없는 사람'들, '을'이라고 할 수 있는 사람들이 만들어내는 '낮은 곳의 이야기'들이 아닐까?

*최보민

03

육남매 아빠(1915~1994)의
중산층 가족 도전기

−월남민 김 씨의 '중산층 판타지'는 연착륙했을까?

이 글은 역사학이 우리의 삶에서 멀리 있지 않다는 것을
보여 주기 위함이다. 누군가의 삶을 과거로부터 하나씩 뜯어보면
역설적으로 역사 교과서는 별개 아니다.

할아버지를 역사화 한다는 것[1]

우리는 초등학교 시절부터 일정하게 짜여진 각본대로 역사를 외
운다. 고조선부터 삼국시대를 거쳐, 고려를 지나 조선으로, 또 일
제시대를 겪고 분단을 지나 대한민국이 완성된다. 틀린 이야기는
아니다. 그러나 이러한 교과서식 서사만으로는 보이지 않는 것들

이 있다. 나의 할아버지는 식민지시기에 독립운동 근처에 얼씬도 하지 않았으며 해방 후에도 '산업전사'로 활약하지 않았다. 식민지 시절 살아남기 위해 일본어를 유창하게 구사해야 했고, 징병을 피하기 위해 장돌뱅이로 살아야 했다. 해방 후에는 허가받지 않은 곳에 집을 짓고 살면서, 그 집을 사고팔아 부를 늘렸다. '자랑스러운' 역사만으로 가득한 한국사 교과서와 할아버지는 어떠한 관계란 말인가.

반면에 현재를 사는 '나'라는 개인은 끊임없이 대한민국 정부와 일정하게 관계를 맺으며 살아간다. 내가 들었던 촛불 하나가 전직 대통령의 탄핵으로 이어졌고, 정부의 부동산 대책은 우리 집 가계 빚의 무게를 좌지우지한다. 역사에서 개인을 본다는 것 또한 한 개인의 삶이 거대 서사와 만나고 벌어지는 관계 맺음을 확인하는 것이기도 하다.

나의 할아버지라고 다를까? 할아버지는 한편으로 일제 식민지, 미군정, 한국전쟁, 군사쿠데타를 경험한 역사의 '증인'이었다. 또한 월남민 출신으로 자유민주주의체제를 신봉하며 살아갔고, 근대화라는 거대한 물결 속에서 누구보다 '근면'한 삶을 살았다. 어쩌면 역설적이게도 교과서에나 나올 법한 거대한 역사의 물결을 정면으로 맞으며 살아갔다. '누구나' 그렇듯이 말이다.

할아버지를 '역사화'한다는 것은 결국 개인과 국가, 개인과 사회가 어떠한 방식으로 연결되어 있는지를 확인하는 작업이다. 교과서에는 절대 등장할 일 없지만 삶의 모든 과정이 교과서에서 벗어나지 않았던 한 개인의 삶이다. 지금부터 그 개인의 삶을 확인해보자. 이 글에서는 '중산층'을 키워드에 두고 그 관계망을 확인해본다. '중산층'은 고도성장기, 다시 말해 김 씨와 그의 자식들이 경제활동에 한창이던 때 가난한 이들이 꿈꾸던 '판타지'였기 때문이다. 할아버지가 꿈꾸었던 중산층으로의 계층상승은 대한민국이 취해 있던 거대한 욕망이기도 했다. 과연 그 욕망은 이루어졌을까? 이루어졌는지 확인하면서 말이다. 자, 당신을 있게 한 그 할아버지와는 얼마나 다른가?

젊은 장돌뱅이 김 씨, 평생을 장사꾼으로 살다

1983년 2월 25일 오전, 황해도 해주를 출발한 북한 소속 전투기가 서울 상공으로 날아왔다. 서울 시내에는 대공경보 사이렌이 울렸고 서울 옆 부천에 살고 있던 김상음 씨(필자의 할아버지, 이하 김 씨)는 불안한 기운을 감지했다. 이른바 '이웅평 귀순사건'이다.[2] 김 씨는 함께 살던 막내아들에게 은행으로 달려가 모든 예금을 빼오라고 소리를 질렀다. 김상음 씨의 불안한 외침에는 이유가 있었다. 해방 직후의 악몽이 떠올랐던 까닭이다.

식민지민 김 씨는 조선이 망한 지 5년째 되던 1915년 3남매의 막내로 태어났다. 태어난 곳은 황해도 은율군 장연면. 은율군에서도 사설 철도가 지나가는, 나름 큰 마을인 장연면이다.[3] 그러나 해주

〈그림 1〉
막내아들 초등학교
졸업식에 참석한
육남매의 아빠이자,
월남민이며,
중산층을 꿈꿨던
김상음 씨.

〈그림 2〉 김상음 씨의 고향인 은율군과
해방 직전 거주 지역인 길주역.
해방 후 김 씨는 길주역에서 기차를 타고
'38선' 바로 직전까지 내려올 수 있었다
(朝鮮總督府鐵道局,〈朝鮮鐵道略圖〉,
《朝鮮鐵道狀況》, 第33回, 1942. 12).

에 비하면 황해도의 거점 지역이라고 볼 수는 없는 변두리 마을이었다.[4] 그럼에도 김 씨 집안은 장연면에서도 나름 농사를 크게 짓던 자작농이었다. 소학교에 들어갈 무렵 김 씨는 장연면에 거주하는 재조在朝 일본인의 양자로 들어가 소학교에 입학까지 했다.

그러나 김 씨의 양자 생활은 오래가지 않았다. 곧 학교를 그만두고 집을 나와 목수일을 배웠다. 사실상 고아였다. 목공소에서 일을 배운 이후로는 전국을 돌며 장돌뱅이 생활을 시작했다. 서울, 평양, 신의주, 길주 등을 오가며 목수일을 했다. 그 와중에 결혼도 했다. 결혼 후엔 처와 자식(첫째 아들과 둘째 아들)들은 서울에 거주케 하면서 장돌뱅이 노릇으로 생활비를 마련했다.

그러던 1943년 어느 날 김 씨는 부인에게 연락을 했다. 자식들을 데리고 함경북도 길주로 오라는 내용이었다. 그 길로 부인과 자식들은 서울에서 길주로 가는 기차를 탔다. 그렇게 가족들이 길주에 모였다. 김 씨는 가족들과 길주에 정착할 생각이었다. 그간 장돌뱅이 생활로 모은 돈으로 2층집을 샀고, 작지만 1층에 목공소도 마련했다. 그의 나이 29세 때였다. 길주에서의 생활은 이전에 비해 상당히 윤택했다. 첫째 아들은 국민학교에 들어갔고 둘째 아들도 곧 학교에 보낼 계획이었다. 그 참에 딸을 낳았다. 생활은 점점 안정을 찾았다. 해방과 독립은 김 씨의 삶과는 무관하다고 생각했다. 본격적으로 장사꾼으로서의 김 씨의 삶이 시작된 것이다. 한 곳에 정착했다는 자체로도 행복했던 시간이었다. 목수일은 평생 그의 가족을 먹여살린 소중한 기술이었고, 길주에서의 삶은 그 시작이었다.

　그러다 맞은 해방이었다. 김 씨는 매달 모은 돈을 저축과 보험에 쏟았다. 그러나 해방은 그 보험과 저축예금을 휴지로 만들었다. 이 기억은 김 씨의 뇌리에 강하게 뿌리내렸다. 그렇다고 그 반감이 당시 북한 지역을 장악한 공산당에 대한 사상적, 혹은 이념적 거부감은 아니었다. '위기' 상황에서 개인에게 전가되는 피해에 대한 불안감, 즉 변란이 생기면 아무도 자신의 재산을 지켜주지 않는다는 신념이 생긴 것이다. '이웅평 귀순사건'에서 보인 반응도 마찬가지였다. '위기'가 일상이던 권위주의 정권 시기, 김 씨가 믿을 것은 현금이었다. 이 믿음은 '1945년의 경험'을 통해 형성된 강력한 '신앙'이었다.

한반도를 거대한 드라마 세트장으로 만든 해방과 전쟁

해방 후 재산의 대부분을 잃은 김 씨는 서울로 가겠다고 마음먹었다. 정리할 가산도 남아 있지 않았다. 맨몸으로 가족들과 함께 남행 기차에 올랐다. 어렵게 도착한 곳은 한탄강 인근이었다. 그곳에 38선이 있었고 인민위원회⁵가 강가를 지키고 있었다. 어쩔 수 없이 한탄강 근처에서 며칠을 머물렀다. 기회를 엿봤고, 곧 월남을 시도했다. 그러나 강을 건너던 중 인민위원회에 포박당해 끌려가는 일이 벌어졌다.

김 씨는 이대로 잡혀 가다가는 죽을 것이라 생각했다. 생각 끝에 김 씨는 포박된 상태로 낭떠러지에서 몸을 굴렸다. 가족들은 계속 끌려가고 있었다. 이때 그의 부인은 적지 않게 당황했다. '뭐지, 저 양반?' 그의 부인과 가족들은 조사만 받고 풀려났고 한탄강 인근에서 김 씨를 다시 만났다.[6] 어쨌든 죽을 고비는 넘겼다. 미안했던 탓인지 김 씨는 가족들을 전부 무등 태워 한탄강을 건넜다. 부인과 첫째·둘째 아들, 고명딸까지. 몇 번의 왕복 끝에 모두 월남에 성공했다. 중간에 미군을 만났으나 문제없이 내려올 수 있었다.

그렇게 서울에 도착해서는 서울역에서 3일간 노숙을 했다. 서울역은 비슷한 이유로 노숙을 하는 이들로 북새통이었다. 김 씨는 서울을 돌아다니며 일본인들이 버리고 간 그릇, 생활용품 등을 팔아 돈을 마련했고 인현시장 근처 여관에서 '서울살이'를 시작했다. 야금야금 돈을 모아 서울 쌍림동 237번지 인근 주택을 구매한 건 몇 개월 뒤의 일이었다. 설렁탕집도 운영해보고 만두를 빚어 군납도 했지만 생활은 여의치 않았다.

그러다 김 씨는 식민지시기 배웠던 목수일을 다시 해야겠다고 마음먹었다. 집에 딸린 큰 방을 목공소로 개조했고 가구를 만들어 팔기 시작했다. 본격적으로 큰 돈을 벌게 된 계기는 자동차 배터리 케이스를 만드는 일을 맡으면서다. 한국전지주식회사와 진해에 있는 해군 등지에 배터리 케이스를 납품하는 일을 전담한 덕분에 생활이 안정됐다. 이후 김 씨는 옆집 적산가옥까지 구매했다. 자식은 더 늘었지만 길주에서의 생활만큼 안정을 찾았다. 다시

'위기'가 올 것이라고는 상상하지 못했다.

1950년 6월 25일 전쟁에 대한 소문이 서울에 돌았다. 전쟁을 믿지 않았던 김 씨는 피란이 한 발 늦었다. 며칠이 지나서야 짐을 싸고 말죽거리까지 내려갔으나 인민군이 이미 서울을 지나 경기도로 내려가고 있다는 소식을 듣고 피란길을 접었다. 내려가봐야 별 수 없겠다고 판단한 그는 다시 쌍림동 자택으로 돌아가버렸다.

그렇게 인민군 치하 서울에서의 생활이 두 달을 넘길 무렵이었다. 김 씨는 급작스럽게 서울 지역 임시인민위원회[7]에 잡혀갔다가 풀려났다. 풀려나지 못한 사람들은 죽임을 당했다. 김 씨는 스스로 이북 사투리를 강하게 쓰고 있었기 때문에 생긴 일이라 여겨 가족들에게 피란을 가겠다 통보하고는 집을 나섰다. 그렇게 기차를 타고 남쪽으로 혼자 피란을 떠났다. 김 씨는 그것이 가장의 도리라고 믿었다. 자신의 목숨이 곧 가족 전체의 생존이었다.

김 씨가 떠난 서울에서 그의 부인은 떡을 빚어 방산시장에 내다 팔며 생계를 꾸렸다. 그러던 1951년 1월 중공군 참전 이후 전선이 한반도 남쪽을 향해 내려오자 수많은 피란민이 남쪽으로 내려왔다. 그렇게 김 씨의 부인도 피란길에 올라야 했다. 한겨울 자식들을 등에 업고 동네사람들과 얼어붙은 한강을 건너 경기도 광주에 다다랐고, 거기서 겨울을 났다.

겨울을 나고 정처 없이 떠돌다 도착한 곳이 수원이었다. 그렇게 부인과 자식들은 굶주려 죽어가고 있었다. 수원 인근, 굶어 죽기 직전 영국 군인들에게 발견된 부인과 자식들은 영국군의 거처로 옮겨져 음식을 얻을 수 있었다. 극적이었다. 영국군은 부인과 자식들이 머물 수 있는 빈집을 찾아 거처를 마련해주었다.

전쟁은 한반도 전체를 거대한 드라마 세트장으로 만들었다. 아마 한 집꼴로 드라마 같은 이야기들이 전해질 것이다. 김 씨의 집도 그랬다. 영국군이 마련해준 집 앞에서 옆집에 살던 딸 친구의 아버지를 만난 것이 결정적이었다. 마침 황해도 동향사람이었던 그는 김 씨의 부인을 보고 놀라 말을 걸었다. "여기서 뭐하고 있어요. 저기 시장에서 김 씨가 장사하고 있던데."

그 말을 들은 부인은 김 씨를 찾아 수원 장터로 갔다. 장터 한 가운데서 김 씨는 오징어튀김 장사를 하고 있었다. 어찌 된 영문일까? 김 씨는 혼자 기차 타고 피란을 가던 길에 국군에게 붙잡혔다. 우려했던 '이북 사투리' 때문이었다. 그러나 김씨는 '언제나처럼' 도중에 도망을 쳤고, 길거리에서 노숙을 하며 돌아다니다 수원 장터에서 혼자 장사를 시작했던 것이다. 그러다 우연히 동네아저씨를 만났는데, 그 동네아저씨가 또 우연히 김 씨의 부인을 만난 것이다. 이후 가족들은 수원에서 함께 생활하다가 1951년 말경 다시 서울로 돌아갈 수 있었다. 전쟁으로 5만여 동의 주택이 피해를 입었지만, 운 좋게도 김 씨의 쌍림동 주택은 무사했다. 그렇게 드라마 한 편이 끝났다.

내 집 마련의 꿈은 '무허가'에서부터!

전쟁이 끝나서도 김 씨는 쌍림동 자택을 개조한 목공소를 운영했다. 그도 어느덧 30대 후반으로 접어들었다. 1956년 막내가 태어났고 가족은 본인과 부인, 그리고 6남매로 늘었다. 자식들이 성장하면서 쌍림동 자택으로는 부족했다. 1962년 쌍림동에 있는 자택 2채 중 하나를 처분하고 약수동(지금의 다산동)으로 이사를 갔다. 큰 집으로 이사를 가기 위해 준비하던 김 씨의 부인은 그즈음 '이자놀이'를 하다가 돈을 크게 잃었다.[8] 덕분에(?) 김씨네 가족은 상대적으로 집값이 저렴했던 약수동의 무허가주택으로 들어가게 된다.

1960년대의 무허가주택을 상상하면 흔히 청계천 일대의 판자촌을 떠올린다. 그러나 당시 서울시에 즐비했던 무허가 주택가는 판자촌만을 의미하지 않았다. 해방 이후 서울 시내에 지정된 공원용지에는 당국의 허가 없이는 건물을 지을 수 없었다. 그러나 당시 서울시 주택보급률은 50퍼센트 언저리에 머물러 있었다. 주택의 절대적인 부족으로 말미암아 다수의 공원용지에는 주택가가 형성될 수밖에 없었다. 서울시도 이러한 형편을 모른 척 할 수 없었고, 무허가주택은 암암리에 정상적인 주택처럼 거래되었다. 외형상 일반주택과 차이가 없는 것들도 많았다.[9]

그렇게 들어간 약수동 주택은 건평 40평에 마당이 딸린 비교적 넓은 집이었다. 쌍림동 목공소는 60년대 중반의 급격한 호황으로 나름 장사가 잘 되었다. 한국전지주식회사에 납품하던 배터리 케이스 사업도 계속되었다. 김 씨네 집에는 여윳돈이 생겼고 이참에 약수동 자택의 아랫집까지 사들였다. 나름 한옥 기와집을 두 채나 가지게 된 김 씨였다. 그렇게 아랫집 월세까지 받아가며 안정적인 생활을 할 수 있었다. 김 씨네 가족들이 기억하는 1960년대는 그 야말로 "호황"이었다.

1960년대 경제가 호황 국면으로 들어갈 무렵, 그의 나이는 오십을 넘겼다. 첫째 아들은 어느덧 국민학교 선생님이 되어 장가를 갔고, 둘째 아들도 직장에 취직해 부모에게 매달 용돈을 드리는 나이가 되었다. 자식들이 하나둘 결혼을 준비할 나이가 되자 김 씨는 어렵게 구매했던 아랫집을 팔았다. 엎친 데 덮친 격으로 목공소에서 허리를 크게 다쳐 일거리도 많이 줄일 수밖에 없었다. 목공소 일이 어려워지자 쌍림동 목공소를 팔고 시구문, 장충동 근처를 돌며 계속 목공소를 차렸다, 닫았다를 반복했다. 그러나 한번 안 좋아진 허리는 완쾌되지 못했다. 결국 70년대 중반 목공소 문을 닫고 더이상은 일을 하지 않았다.

한편 김 씨가 일을 그만두고 자식들 용돈으로 생활하고 있을 무렵, 서울은 그야말로 '개발 열풍'이 한창이었다. 김 씨가 환갑을 바라볼 때 1960년대 후반부터 본격화된 도시 개발 사업은 여의도에서 한강변을 따라 강남 개발로 이어졌고, 땅값이 폭발적으로 상승했다.[10] 나름 목돈을 쥐고 있던 김씨는 이 사실을 얼마나 알고 있었을까? 흔히 사람들은 비슷한 상상을 하곤 한다. "그때 우리 할아버지가 강남에 땅만 사뒀어도……"

〈그림 3〉 약수동 집 앞에 서 있는
김상음 씨의 넷째 아들.
뒤에 보이는 주택들은 약수동
인근에 즐비하던 무허가주택이다.
무허가주택이라고 모두
판자촌이었던 것은 아니다.

〈그림 4〉 약수동 집 앞마당에서 이웃사촌과
함께 있는 김 씨의 부인 김영녀 씨(오른쪽).
마당은 김영녀 씨가 평소 아껴 기르던
화분으로 가득했다.

〈그림 5〉 1972년 영동지구(현 청담·삼성동 일대)
공사현장.
개발이 진행되고 있었지만 70년대 중반까지도
강남은 주거지로서 생활하기에는 무리가 있었다.
이 시기 강남 지역으로 이어진 한강다리는
한남대교가 유일했다(서울사진아카이브).

당시 김씨 또한 서울의 부동산 투기 열풍에 관심을 가지고 있었다. 그러나 안타깝게도(?) 강남으로의 투자는 생각하지 않았다. 이유는 두 가지였다. 첫째 '강남이 올라봐야 얼마나 오르겠어?', 둘째는 '거기 가봐야 아무것도 없다'였다. 첫 번째 이유로 말미암아 김 씨는 강남이 아닌 다른 곳에 투자를 했지만 재미를 보지는 못했다. 두 번째 이유는 당시 강남을 선택하지 않은 많은 이들의 고민 중 하나였다. 아직 기반시설을 갖추지 못한 강남은 상하수도조차 제대로 완비되지 않은 허허벌판이었다. 그야말로 투자개념이 있을 뿐 생활공간으로서의 기능은 못하고 있던 때였다. 김 씨는 강남에서의 불편한 생활을 감수하면서 미래를 생각하느니, 현재를 즐기며 살고자 했다.

결국 그는 1970년대 후반까지도 약수동 주택에서 살았다. 그 무렵 자식들 대부분은 결혼 후 분가한 상태였고, 넷째 아들과 막내아들, 그리고 김 씨와 그의 부인이 약수동 생활을 이어가고 있었다. 그러던 어느 날, 정확히는 1976년 약수동 무허가주택이 철거될 것이라는 이야기가 돌았다.[11] 70년대 당시 서울시의 무허가주택 문제 해결 방법은 세 가지였다, 첫째는 양성화 사업, 둘째는 철거 및 재개발, 셋째는 집단이주다. 공교롭게도 남산 일대의 무허가 주택가에 대한 대책이 양성화가 아닌 재개발이라는 소문이 돌았다.[12] 이때 김 씨는 선택의 기로에 섰다. "떠나느냐, 마느냐."

결국 김씨는 중구 일대가 재개발 열풍에 휩싸였던 1978년, 400만 원에 약수동 자택을 팔았다. 그의 나이 64세였다. 당시 서울의

〈그림 6〉 가족들이 살았던 약수동(현 다산동) 주택(좌)과 월세를 받던 주택(우)의 2017년 모습. 인근의 다른 주택들은 철거되었지만, 어쩐 일인지 두 집만은 아직 40년 전 모습을 유지하고 있다.

〈그림 7〉
70년대 후반 서울시 인구를 재배치한다는 명목으로 수도권 개발을 촉진했고, 개발계획에 포함된 지역은 강남 개발 때와 마찬가지로 높은 지가 상승을 기록했다. 〈수도권 인구 재배치 계획 6개 분야별로 본 기본명세〉 《매일경제》, 1977년 3월 9일 자).

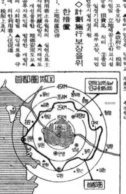

지가는 지역별로 천차만별이었는데, 주택단지들이 들어서 있던 지역의 대략적인 평균지가를 계산해보면 평당 10만 원대 정도였다. 건평만 40평에 마당까지 딸린 집을 400만 원에 팔았던 김 씨로서는 남는 장사였다고 볼 수 없었다. 당시를 회상하는 자식들 대부분도 "얼마 못 받은 매매였다"고 기억한다.

김 씨가 약수동 다음의 주거지로 선택한 곳은 부천이었다. 김 씨의 딸은 이주 이유를 "공기 좋고, 조용한 동네였기 때문"으로 기억한다. 사실일까? 부천으로 처음 이사간 곳은 중동이었다. 약수동 때와 같은 단층으로 된 단독주택이었다. 김 씨는 부천에서의 첫 집을 900만 원에 샀다. 약수동 집을 판 400만 원에 딸이 보태준 200만 원, 나머지는 모아 뒀던 목돈을 썼다. 가격만 놓고 보더라도 부천이 서울에 비해 땅값이 싼 곳은 아니었다. 또한 당시 부천은 개발될 것이라는 이야기가 언론을 통해 파다하게 알려진 곳이었다. 공기가 좋아 선택한 곳이라고 생각하기엔 꿍꿍이가 있어 보인다.

김 씨는 부천의 개발 붐에 합류하여 78년에 처음으로 이사갔던 단독주택을 3년 뒤 3000만 원이 넘는 가격에 팔고 2층짜리 전원주택으로 이사를 갔다. 3배가 넘는 땅값 상승이었다. 아랫집에 김 씨네 가족이 함께 살고 윗집은 월세를 줬다. 어렵고 힘들었던 노동의 대가로 약수동 아랫집을 샀던 지난날의 기억에 비해 계약서 한 장으로 벌어들인 2000만 원이 넘는 돈은 달콤했다. 이후 이 전원주택까지 가격이 올라 김 씨는 몇 년 후 아파트 입성에 성공한다.

80년대 중반 당시 김씨는 아무런 경제활동을 하지 않고 있었음에도 막내아들은 대학원을 다니고 있었다. 김 씨가 막내아들을 대학원에까지 보낼 수 있었던 이유는 주택 투자를 통해 목돈 마련이 가능했기 때문이었다. 또한 김 씨가 죽기 직전까지도 자식들에게 손 한 번 벌리지 않고 살아갈 수 있었던 원동력이기도 했다. 부동산 투자의 달콤함을 너무 늦게 맛 보았던 김 씨였다.

근대적 욕망의 배수구, 서울 – 뭘 더하면 중산층이니?

김 씨가 목공소를 운영하던 60~70년대 한국사회에서 '중산층'이라는 용어는 낯설었다. 많은 국민이 스스로를 중산층이라고 인식하게 된 시기는 1980년대에 중반 즈음이었다. 그러나 1980년대 중반 스스로를 '중산층'이라 인식하는 국민이 증가할 수 있었던 배경에는 박정희 정권의 통치전략이 있었다. 박정희 정권은 끊임없이 중산층으로의 계층상승 욕망을 부추겼다. 1969년대 설립된 주택은행은 빚을 내서 주택을 소유하라 자극했다. 이와 동시에 1970년대 초반 한강변에 "맨션" 아파트들이 들어서며 아파트 생활이 대중적으로 보급되기 시작했다.

그뿐이겠는가. 1970년대 들어서 냉장고와 컬러 TV의 수요가 증가하기 시작했고 현대적 문화생활에 대한 동경이 싹텄다. 70년대 후반엔 '마이카 시대'를 외치며 자동차 구매를 부추겼다. 라디오, TV, 냉장고, 전화기 같은 전자제품을 소유하느냐에 따라 계층 간

구별의식이 자라났다. 무엇을 듣고, 보느냐는 문화적 소양을 평가하는 기준이 되었고, 대학 입학은 계층상승의 지름길로 통했다. 거기에 언론은 대중의 욕망에 불을 질렀다.

박정희 정권 시기 중산층 '육성'은 국가의 경제성장 지표로서 활용될 수 있었다. 이는 정치적 전략으로도 바라볼 수 있는데, 정부가 장려했던 중산층의 육성은 경제적 성과를 과시하는 요소였다. 중산층이라는 '달콤한 호명'은 경제성장을 가시적으로 수치화할 수 있는 중요한 장치였다.

김 씨는 이른 시기에 서울에서 주택을 소유할 수 있었다. 월세집도 아니었고 은행 빚도 없어서, 버는 돈의 대부분을 생활비와 문화비로 지출할 수 있었다. 김 씨는 그 여윳돈으로 당시 중산층이라고 불리던 계층이 누린 문화적 사치를 놓치지 않으려 했다. 계층상승의 욕망이었던 것이다. 급격한 경제성장 시기, 박정희 정권은 "중산층!"이라는 달콤한 미끼를 던졌고, 김 씨는 미끼를 물었다.

특정 계층의 소속은 경제력만으로 결정되지 않는다. 매달 평균 이상의 월급을 벌더라도 대부분을 저축하는 데 쓰는 사람이 있는 반면, 매달 버는 돈이 일정치 않더라도 문화생활에 많은 투자를 하는 사람도 있다. 또한 계층은 하나의 기준으로 설정되거나 고정되는 성질도 아니다. 중요한 것은 국가가 주조하려는 특정 계층이 존재한다는 점, 그리고 그 계층이 되고자 욕망했던 사람들이 있었다는 점이다. 성장의 시기, 박정희 정권이 그러했고 돈 좀 번다는 사람들이 그러했다. 그렇게 한국사회의 중산층은 만들어져갔다.

박정희 정권이 중산층을 주조하려던 목적은 복잡했다. '조국 근대화'의 상징으로서 중산층이 경제성장의 선두에 서야 했고, 대중은 그런 중산층을 선망해야 했다. 그렇게 만들어진 판타지는 대중으로 하여금 근면과 성실을 미덕으로 여기며 중산층으로의 장벽을 넘어서고자 했다. 소비는 덤이었다. 그러나 '덤'은 계층의 벽을 쌓는 콘크리트였고, 누가 어떤 '덤'을 가지느냐가 성공을 가르는 기준이 되었다. '성공의 아이콘' 중산층은 달콤한 유혹이었다.

그럼 김 씨는 무엇을 통해 중산층으로 호명되고자 했을까? 매달 받는 월세, 목공소에서의 수입과 부인의 '이자놀이', 그리고 독립한 자식들이 주는 용돈까지. 김 씨는 익숙치 않은 '아파트 생활'을 선택하는 대신 이 여윳돈으로 문화생활을 즐기고 사치품을 구매했다. 오랜 그의 취미생활 중 하나였던 영화 관람은 70년대로 들어서면서 이미 누구나 쉽게 누릴 수 있는 문화생활이었다. 그걸로 김 씨는 만족할 수 없었다. 무엇을 더 갈망했을까? 하나씩 확인해보자.

김 씨가 가장 즐겼던 취미생활은 여행이었다. 부인과 함께 한 달에 한 번씩은 여행을 다녔다. 자식들이 지방에 취직하면서 자식을 보러 간다는 명분으로 여행을 다녔다. 60년대 후반으로 접어들면서 한국에서도 주말마다 서울 근교로 피크닉을 떠나는 일이 잦아졌다. 70년대 들어 주말 야외활동은 계속 확산되었고, 60년대까지만 해도 일부 상류층에 한정되어 있던 등산과 낚시 역시 중산층 사이에서는 확산되기 시작했다.[13] 김 씨 또한 이러한 분위기에 편승하여 주말여행을 자주 즐겼다.

김 씨의 자랑거리 중 하나는 TV였다. 그는 1970년에 "미제" TV를 구매했는데 대부분의 가정에 TV가 보급되기 이전으로, 다소 이른 시기였다. 약수동에서 TV는 "부의 상징"으로 인식되었다. 저녁이면 "연속극을 보려고" 동네사람들이 김 씨네 집으로 찾아왔고 거실에 모여 앉아 TV를 시청했다. 연속극이 끝나면 TV보관함을 닫아 자물쇠를 걸었다. TV는 자식과 부인도 함부로 건드릴 수 없는 김 씨의 애장품이었다.

박정희 정권은 60년대 중반부터 TV방송국 개국을 서둘렀고, TV 수상기 구입을 장려했다. 경제성장의 속도보다 빠르게 대중매체 보급에 상당한 공을 들였다. 정권은 TV 시청 자체를 근대화의 상징처럼 홍보하면서 TV, 라디오와 같은 대중매체 보급에 주력했다. 이와 함께 박정희 정권은 공영방송국이 "건전한 교양프로"와 "명랑하고 유익한 오락프로"를 많은 국민들에게 전파해야 함을 동시에 강조했다. 이는 TV프로그램이 나아갈 방향에 대한 하나의 가이드 라인이었다. 이처럼 대중매체는 정권의 감시망 안에서 작동되며 보급되어갔다. 김 씨는 의도치 않게 박정희 정권이 쏟아내던 '건전한' 대중문화 전파의 기수 역할을 했다. 약수동 김 씨네 집 인근 동네사람들은 그의 집에서 '연속극'을 보며 "건전"하고 "명랑"한 근대인이 되어가고 있었다.

뿐만 아니라 김 씨는 당시로서는 비싸게 거래되던 이른바 '백색전화'를 소유하고 있었다. 당시 백색전화의 경우 전화국에서 공시

〈그림 8〉 김상음 씨가 보유했던
문닫이형 TV보관함.
당시 TV는 중산층
문화의 상징이었다.
(《문닫이형 데스크 TV》, 《매일경제》
1976년 5월19일자 5면 광고).

문닫이형 데스크 TV

새商品

大韓電線개발제품

문닫이형에 데스크가달린 TV와 電壓1백볼트와2백20볼트겸용TV가大韓電線에의해개발되었다.

올해新製品으로 내놓은 문닫이형TV는 17인치형으로 종래의 받침다리대신에 메스크를부착, 책꽂이와 겸용할수있게 꾸며져 실내장식의 효과가있다는것。 또한 1백볼트와 2백20볼트겸용 TV는 19인치로 별도의 트랜스없이 겸용할수있는 국내첫 제품으로 신규電化지역이나 기존1백볼트지역을가릴것없이 사용할수있다는메이커의 설명。

이는 高壓발생트랜스(FBT)를 이용, 브라운관히터의 電壓을 安定化시켰기때문에 외부전압이 1백30V에서 80V까지 불규칙적으로 변화해도 화면에 영향이미치지않는게 특징。

시판가격은 17인치 문닫이형 메스크TV(RS1702B)는 대당 9만6천원에 별도로 판매하는책꽂이는 5천원。 그리고 19인치겸용TV(RS1906)는 대당11만5천원。

◇대한전선서 새로 내놓은 책꽂이겸용TV.

책꽂이겸용 室內장식 효과도

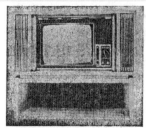

〈그림 9〉

김상음 씨가 가장 즐기던 문화생활은 프로레슬링 관람이었다. 장충체육관에서 레슬링 경기가 있는 날이면 가족들과 함께 관람하는 것이 집안 행사였다. 사진은 〈프로레슬링 인터내셔널 타이틀 金一 −디스트로이어 對決〉 기사.
(《경향신문》 1976. 3. 19).

프로레슬링 인터내셔널 타이틀
金一−디스트로이어 對決

25·26일 文化體育館에서

전WWA헤비급 챔피언 보보브라질(미국)을 박치기로 때려눕히는 金一(左)과 反則의 명수 디스트로이어(右).

高度의 테크닉가진 난폭한 反則者

스포츠 화제

한 대당 가격이 50만 원에 육박했는데, 둘째 며느리의 기억으로 70년대 초반 100만 원에 가까운 가격에 구매했다고 한다. 당시 서울시 평균임금으로 계산해보면 4~5년을 꼬박 모아야 살 수 있는 고가제품이었다. 전화기는 소중한 '재산목록'이었다. 김 씨는 여윳돈이 생길 때마다 가전제품을 샀다. TV와 전화기, 라디오, 사진기, SP라 불리던 Standard Play 축음기, LP판으로 잘 알려진 Long-Playing Record 축음기 등 중산층 이상이 누릴 수 있는 문화생활을 유지하려고 했다.

하지만 김 씨의 문화생활에는 당시 중산층의 문화적 소양을 따라갈 수 없다는 근본적인 '한계'가 있었다. 소학교도 제대로 졸업하지 못한 그가 '고급문화'를 향유할 수는 없었다. 팝음악이나 클래식은 어려웠고, '아파트식' 입식문화는 체질에 맞지 않았다. 김 씨는 바니걸즈, 문주란 등 트로트 음악을 선호했다. 휴일이면 동대문운동장에서 열리는 축구를 관람하거나 장충체육관에서 개최되는 레슬링 경기를 보러 다녔다. 그가 가장 좋아하고 존경한 '유명 인사'는 레슬링 선수 김일이었다. 축구와 레슬링은 전형적인 민중 스포츠였다. 당시 중산층이 스스로의 계층적 특징을 고급문화로 포장한 것과는 다른 모습이었다.

그가 가진 근본적인 한계를 극복하기 위한 욕망은 자식들을 통해 가감없이 투영되었다. 자식 교육에 대한 집착이었다. 1960년대 첫째 아들은 이미 사범학교를 졸업하고 국민학교 선생님이 되었다. 둘째 아들은 고등학교까지 진학했는데, 김 씨는 늘 대학까지 나올 것을 권유했지만 둘째는 이를 거부하고 신생 전지회사였던 세방전지에 취업했다. 44년생인 딸도 인문계 고등학교였던 무학여고를 졸업했다. 마찬가지로 김 씨는 딸에게 대학 진학을 권유했지만 딸은 취업전선에 뛰어들었다.

자식들이 대학까지 나와야 한다는 김 씨의 생각은 계속되었다. 그러나 아쉽게도 자식들은 그의 뜻에 따르지 않거나, 성에 차지 못했다. 3수 끝에 대학 진학에 실패했던 셋째 아들은 김 씨에게는 충격이었다. 대학에 보낼 여유가 있어도 공부를 하려는 자식이 없어 언제나 골치가 아팠다. 넷째 아들은 어린 시절부터 공부와는 담을 쌓았다. 이제 믿을 건 막내아들이었다. 가족들이 막내에게 거는 기대는 남달랐다. 1977년 막내아들은 3수 끝에 김 씨네 가족 최초로 대학 진학에 성공했다. 아슬아슬한 성공이었다. 그렇게 김 씨의 오랜 욕망이 실현됐다. 6분의 1의 성공률이었다. 그의 나이 63세 때의 일이다.

사실 중산층은 애매모호하고 어중간하며 흐릿한 개념이다. 때문에 중산층이 되기 위한 조건과 기준은 시대마다 유동적이다. 그러나 중산층을 굳이 정의해야 한다면 공통적 꼽히는 요건들이 있다. 일정 수준 이상의 자산이나 주택 소유, 안정된 직업, (고등)교육수준 등이다. 그중 가장 중요한 것은 중산층에의 귀속의식이다. 그 귀속의식이 중요한 이유는 중산층의 장벽은 생각보다 높고, 그 장벽을 넘었다는 달콤함이 무척이나 컸기 때문이다. 경제성장기, 김 씨의 나이 40대와 50대는 그 장벽을 넘기 위한 고군분투 드라마였다.

뱁새가 황새 쫓다 비둘기는 됐으려나?

그런데 정말 김 씨는 중산층이 될 수 있었을까? 홍미로운 두 개의 기억이 존재한다. 하나는 김 씨네 가족 외부에서 가족 내부로 들어온 둘째 며느리의 기억이다. 전형적인 중산층 가정에서 자라난 둘째 며느리는 소위 "잘 나가는 집안"의 딸이었다. 60년대 중반 시집온 둘째 며느리가 기억하는 김 씨네 집은 이렇다. "먹고살 만했을 정도였어. 뭐 그렇게 잘 살지는 않았지."

반면 다른 기억도 있다. 김 씨네 딸의 기억이다. 그가 시집을 간 곳은 비슷한 가정환경에서 자란 남자의 집이었다. 그럼에도 고명딸로 금지옥엽 자랐던 김 씨의 딸은 시집을 가서 느낀 감정을 다음과 같이 회상했다.

"시집을 가보니 알았어. 우리 집이 얼마나 잘 살았는지. 하고 싶은 건 다했으니까."

이들의 기억은 왜 이렇게 다를까? 중산층으로의 진입 장벽이 휴전선만큼이나 강고했기 때문이다. 계층이 분화되는 과정에서 "중산층 가정"이라는 특수한 모델은 스스로의 가치를 인정받기 위한 투쟁에서 승리해야 했다. "서민"과 "중산층"이라는 호명은 박정희 정권이 정책 추진 과정에서 계층을 구분한 가장 일반적 기준이었다. 정권이 그 기준점을 명확히 명시하지는 않았지만 아파트 생활, 누릴 수 있는 문화적 소양, 학력 등의 차원에서 추상적으로 제시되었다. 이 과정에서 중산층에 진입한 계층은 중산층으로 호명

〈그림 10〉 1975년 김상음 씨의
환갑을 맞아 찍은 가족사진.

〈그림 11〉 80세가 되어 고향을 그리며
휴전선 앞에서 찍은 사진.
김 씨는 살아생전 고향 이야기를 거의 하지 않았다.
그러나 여든이 넘어 생애 처음이자 마지막으로
막내아들 내외와 함께 휴전선을 찾았다.

될 수 있는 이른바 '알짜 중산층'을 만들어냈다. '알짜 중산층'의 벽은 높았고 특정 소수만이 그 벽 안으로 진입할 수 있었던 것이다. 그래야 스스로가 더 빛났다.

사무직 노동자도 아니었고, 학력도 변변치 않았으며, 문화생활의 수준도 낮았던 김씨는 '알짜 중산층'이라고 보기 힘들었다. 계층상승을 위한 나름의 노력으로 자기 집을 소유하고 자식들의 학력 수준을 높이려 했지만 그마저도 녹록치 않았다. 때문에 김 씨가 가진 자본은 골고루 분배되지 못했다. 자식들이 장가를 가고 시집을 갈 때마다 유일한 자산이었던 주택을 팔거나 가전제품을 정리해야 했다. 딱 그 정도 수준이었다. 황새는 못 되도 비둘기는 되었으려나? 모르는 일이다.

그러나 중산층이 대폭 확장되던 1980년대 김 씨는 막내아들을 대학원으로 진학시켰고, 결국 90년대 초 막내아들은 교수가 되었다. 그의 나이 팔십을 바라볼 때의 일이다. 그의 막내아들이 안정적으로 중산층의 범주 속으로 연착륙할 수 있는 조건은 김 씨가 만들어준 것임이 분명했다. 경제성장 시기 김 씨가 만들어준 안정적인 생활환경과 고등교육에 대한 열망에 기인한 것이다. 막내아들은 수혜의 대가로 죽기 전까지 부모를 모셨다.

이 글을 통해 필자는 역사학이 우리의 삶에서 멀리 있지 않다는 것을 보여주고 싶었다. 누군가의 삶을 과거로부터 하나씩 뜯어보면 역설적으로 교과서는 별개 아니다. 교과서 밖의 우리네 인생은 교과서 안의 박제된 삶보다 다채롭다는 것을 쉽게 발견하게 된다.

그렇다고 교과서 안의 지루한 서사와 관계없지 않다는 것도 함께 느낄 수 있다. 둘은 언제나 관계 맺으며 '마주 보고' 있다. 식민지의 경험, 해방, 분단, 전쟁, 조국 근대화. 김 씨는 교과서 안에도 있었고, 밖에도 있었다. 교과서로는 보이지 않는 또 다른 물줄기가 한 사람의 인생을 통해서 발견되기도 한다. 그것이 역사학의 재미다.

그럼 처음 질문으로 돌아가보자. 당신을 있게 한 그 할아버지와 김 씨는 얼마나 다른가? 다르다면 어디가 어떻게 다를까? 이 질문에 대한 답을 구하는 과정이 역사학을 흥미롭게 만드는 출발이 되었으면 한다. *김재원

구술자료

2017년 2월 12일 김상음의 첫째 아들 김** 구술 내용

2017년 4월 23일 김상음의 딸 김**와 둘째 며느리 구술 내용

2017년 5월 7일 김상음의 막내아들 김** 구술 내용

04

월남에서 온 그는 왜
'김 병장'이 아니었을까.

-베트남 특수의 군 계급별 경험 차이¹

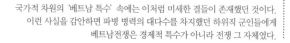

국가적 차원의 '베트남 특수' 속에는 이처럼 미세한 결들이 존재했던 것이다.
이런 사실을 감안하면 파병 병력의 대다수를 차지했던 하위직 군인들에게
베트남전쟁은 경제적 특수가 아니라 전쟁 그 자체였다.

'베트남 특수'에 대한 공식적 기억

미국은 인도차이나 반도의 공산화를 막기 위해 베트남전쟁에 개입
하였고, 미국의 요청으로 한국도 베트남전에 참전하였다. 1964년
외과 병원 인력 및 태권도 교관단 파견에 이어 1965년 전투병이 파
견되었다. 전쟁 특수 속에 한국의 민간 기업들도 진출하였다. 베트

남 파병이 이루어지면서 미국과 한국 사이에는 국군의 현대화와 경제 협력을 약속하는 각서가 체결되었다(브라운 각서).

베트남 파병은 한미동맹을 더욱 공고히 하였고, 경제 발전에 기여하였다. 하지만 많은 사람들이 죽거나 다쳤고, 고엽제 피해자와 라이따이한(한국, 베트남 혼혈인) 문제 등을 남겼다.

2016년 12월에 공개된 국정 《고등학교 한국사》 최종본은 베트남전쟁에 관해 위와 같이 서술하고 있다. 전쟁 특수, 경제 협력, 한미동맹, 경제 발전과 같은 단어들이 가장 먼저 눈에 들어온다. 베트남전쟁을 통해 많은 희생자가 생기고, 여러 사회 문제가 야기되었다는 설명도 덧붙여져 있지만, 그보다는 베트남전의 경제적 성과에 서술의 방점이 찍혀 있음을 알 수 있다. '친일독재를 미화'한다고 얘기된 국정 교과서였기 때문에 이렇게 서술을 한 것일까. 혹은 국정 교과서 집필자들이 불순한 정치적 의도를 가졌기 때문일까. 그렇지 않다. 국정 교과서는 여타 부분에서 많은 문제를 가졌지만, 이 베트남전 서술만큼은 한국 사회의 평균적 인식을 반영했을 뿐이다. 이를 잘 보여주는 사례가 2014년 개봉해 무려 1,400만 명이 관람한 영화 〈국제시장〉이다.

배우 황정민이 분한 주인공 덕수는 1971년 여동생의 결혼자금, 갑작스럽게 인수한 가게 대금, 줄줄이 딸린 가족의 생계를 해결하기 위해 베트남전에 기술자로 참가한다. 그곳에서 덕수는 수송 업무를 맡다가 다리 부상을 당하지만, 전쟁에서 벌어온 돈으로 여동생을 무사히 결혼시키고 안정적으로 가정을 꾸려나갈 수 있게 된다.

영화 속 덕수처럼 베트남에서 벌어 온 달러로 가게를 마련했다든가 혹은 TV나 라디오 같이 당시로서는 구하기 힘든 귀한 물건들을 들여올 수 있었다는 이야기들은 우리가 베트남전에 관해 흔히 접할 수 있는 서사다. 베트남전에서 미국과 남베트남이 패배했기 때문에, 그들을 지원하기 위해 파병되었던 한국군 역시 패배한 셈이지만, 우리는 베트남전에 대해 어두운 패배의 기억보다는 장밋빛 '베트남 특수'의 기억을 갖고 있는 것이다.

흔히 전쟁 특수란 전쟁으로 인해 수요가 폭발적으로 증가하여 만들어지는 경제성과 내지는 호경기를 일컫는다. 따라서 베트남 특수란 한국군의 베트남전 파병으로 한국의 건설업체가 베트남에 진출하여 번 외화를 말하거나, 참전 군인이나 기술자들이 보낸 송금으로 얻은 경제적 이득을 의미한다. 이 베트남 특수, 즉 한국이 전투부대를 파병한 1965년부터 1972년까지 베트남을 통해 들어온 10억 달러는 막 제2차경제개발5개년계획을 추진하던 한국에 엄청난 보탬이 되었다.[2] 파병 기간 중 10퍼센트를 넘나들던 한국 경제의 성장률이 이를 증명해준다. 박정희 정부는 이런 경제적 성과를 기반으로 패배한 전쟁인 베트남전을 사실상 승리의 경험으로 기념했고, 그것이 베트남전에 대한 한국 사회의 공식적 기억이 된 것이다.

그런데 이러한 공식적 기억엔 어딘가 찜찜한 구석이 있다. 베트남전에 파병된 병력은 총 32만 명이었다. 그렇다면 베트남에 참전한 모든 사람들이 영화 속 덕수처럼 경제적 안정을 누릴 수 있었던 것일까? 국가적 베트남 특수의 기억 외에 베트남전에 참전한 개인들이 어떤 삶을 살았는지에 대해서는 정작 잘 알려져 있지 않다. 지금까지 고엽제 피해자나 라이따이한 문제, 혹은 한국군의 민간인 학살처럼 베트남전쟁이 야기한 희생은 그 심각성에도 불구하고 '베트남 특수'의 화려한 기억 속에 거듭 묻히곤 했다. 그러나 개인적 차원으로 들어갔을 때 그러한 '베트남 특수'가 실은 일부에게만 해당하는 이야기였다면 어떨까. 그때도 우리는 베트남전쟁을 여전히 영광스러운 기억으로 간직할 수 있을까. 이 글은 바로 그런 이야기를 하고자 한다.

성명(가명)	파월 기간	파월 당시 계급	소속
이필수	1965.9~1966.11	대위→소령	군수지원사령부
최태주	1966~1967	소령→중령	맹호사단
이국진	1969.12~1971.2	소위→중위	맹호사단
홍수창	1967. 2~1969.5	중위→대위	맹호사단
김일식	1969.1~1970.1	대령	맹호사단
김주용	1967.9~1968.10	대령	주월사령부

〈표 1〉 구술자 인적사항
이 글에는 총 6명의 구술자들이 등장한다. 이들은 한국학중앙연구원이 진행한 현대한국구술사연구사업의 일환으로 서울대학교 규장각한국학연구원 한국현대사와 군 연구팀이 인터뷰를 진행한 구술자들이다. 한국학중앙연구원은 현재 현대한국구술자료관mkoha.aks.ac.kr을 통해 이들의 구술자료를 제공하고 있다. 〈표 1〉은 구술자들의 간략한 인적사항을 정리한 것이다. 개인정보 보호를 위해 성명은 가명으로 처리하였다.

파병 군인들이 받은 경제적 대가의 전모

베트남과 참전 군인들이 전쟁을 통해 얼마를 벌었는지 구체적으로 알아보려면 먼저 한국 정부가 한국군에게 지급했던 월급과 미국 정부가 한국군에 지급했던 해외근무수당을 살펴볼 필요가 있다. 해외근무수당이란 베트남전을 주도했던 미국 정부가 베트남에 파병한 나라의 군인들에게 지급했던 수당을 말한다. 흔히 "월남전에서 달러를 벌어왔다"고 할 때의 달러가 바로 미국 정부가 지급했던 해외근무수당을 가리키는 것이다.

해외근무수당은 대개 전투수당과 혼동되지만 법률적으로 차이가 있다. 1963년 5월 1일에 제정된 〈군인보수법〉 제17조에서 전투수당은 '전시·사변 등 국가비상사태에 있어서 전투에 종사하는 자에 대하여' 지급하는 것으로 규정되었다. 박정희 정부는 미국 정부로부터 군인보수법에 규정된 전투수당까지 받아 내려고 했으나 미국이 이를 거절하여 성사되지 못했다.[3]

결국 파병 기간 동안 전투수당과 관련된 시행령은 제정되지 않았으며 참전 군인들은 미국 정부로부터 해외근무수당을, 한국 정부로부터 월급만을 지급받았을 뿐, 군인보수법이 규정한 전투수당은 받지 못했다(2015년 10월 서울행정법원 제7부는 참전 군인들이 제기한 전투수당 지급소송에서 베트남전 파병은 국가비상사태에 해당되지 않는다는 원고 패소 판결을 내렸다).[4]

미국 정부가 한국의 파병 군인들에게 해외근무수당을 지급하기

〈그림 1〉 관보 제3801호(1964년 7월 28일).
〈해외 파견 군인의 특수근무수당 지급규정〉.
해외근무수당에 대한 규정은 1964년 7월 제정되었다.
한국 정부는 미국 정부로부터 해외근무수당을 지급
받을 것을 염두에 두고 이 규정을 만든 것으로 보인다.

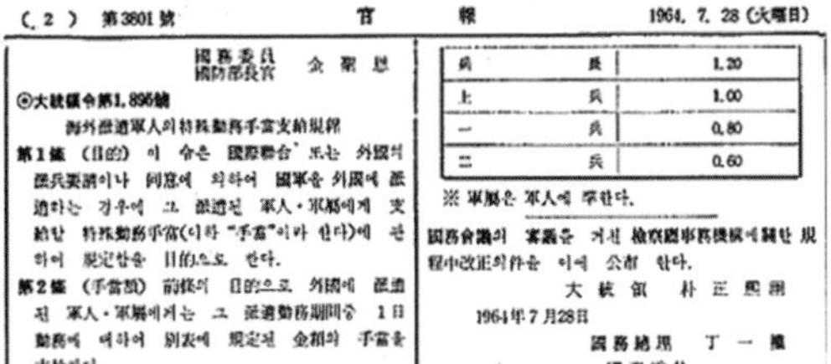

(2) 第3801號 官 報 1964. 7. 28 (火曜日)

國務委員 國防部長官 金聖恩

◎大統領令第1,896號

海外派遣軍人의特殊勤務手當支給規程

第1條 (目的) 이 令은 國際聯合 또는 外國의 派兵要請이나 同意에 의하여 國軍을 外國에 派遣하는 경우에 그 派遣된 軍人·軍屬에게 支給할 特殊勤務手當(이하 "手當"이라 한다)에 관하여 規定함을 目的으로 한다.

第2條 (手當額) 前條의 目的으로 外國에 派遣된 軍人·軍屬에게는 그 派遣勤務期間중 1日勤務에 대하여 別表에 規定된 金額의 手當을 支給한다.

第3條 (期間의 計算) 手當支給의 期間計算은 任地에 着任한 날로부터 歸國(出張을 위한 歸國은 제외한다)의 命을 받아 勤務地를 떠나는 날까지로 한다.

兵長	1.20
上兵	1.00
一兵	0.80
二兵	0.60

※ 軍屬은 軍人에 準한다.

國務會議의 審議를 거친 檢察廳事務機構에關한規程中改正의件을 이에 公布한다.

大統領 朴正熙

1964年7月28日

國務總理 丁一權

國務委員 法務部長官 閔復基

國務委員 總務處長官 李錫濟

◎大統領令第1,896號

檢察廳事務機構에關한規程中改正의件

로 결정한 시기는 2차 파병 협상을 시작한 1964년 말이었다. 이때 미국은 이등병부터 준장까지 일일수당을 정해서 한국군에게 해외근무수당을 지급하는 데 동의했다. 이 금액은 1966년 7월 이후 한국 정부의 요청으로 중사 이하 하위직 군인(이병~하사)의 수당이 인상되면서 약간 변화한다. 이 해외근무수당이 한국군 월급 대비 어느 정도의 규모였으며, 베트남전에 참전한 군인들이 수당과 월급으로 받은 총액이 얼마였는지 살펴보자.

1970년 2월 진행된 미 상원외교위원회 안보협정 및 해외공약분과위원회(위원장 스튜어트 사이밍턴) 한국 관련 청문회 기록에는 베트남 주둔 한국군에게 지급한 해외근무수당이 기록되어 있다. 한편 국방부 군사편찬연구소가 편찬한 《통계로 본 베트남전쟁과 한국군》에는 1966년 1월부터 1967년 2월 사이 한국군 봉급표가 실려 있다. 〈표 2〉는 이를 재정리한 것이다. 이를 보면 군인들이 받은 해외근무수당은 장교의 경우 최대 4배, 부사관의 경우 최대 4.4배, 사병의 경우 최대 39.6배의 규모였다. 사병들의 월급 대비 해외근무수당 비율이 높은 것은 징병제하에서 그들의 월급이 거의 없다시피 한 미미한 금액이었기 때문이었다. 해외근무수당은 분명 베트남에 가지 않았다면 얻을 수 없는 금액이었다. 덕분에 장교들의 경우 많은 이들이 베트남전을 통해 내 집 마련을 할 수 있었다고 말한다.

내용/계급		중장	소장	준장	대령	중령	소령	대위	중위	소위
해외 근무 수당	달러	300	240	210	195	180	165	150	135	120
	원(A)	81,300	65,040	56,910	52,845	48,780	44,715	40,650	36,585	32,520
한국군 월급 (B)		45,120	36,320	32,000	29,440	23,040	18,720	12,240	9,080	8,560
A/B		1.8	1.8	1.8	1.8	2.1	2.4	3.3	4.0	3.8
A+B		126,420	101,360	88,910	82,285	71,820	63,435	52,890	45,665	41,080
내용/계급		준위	상사	중사	하사	병장	상병	일병	이병	
해외 근무 수당	달러	105	75	60	57	54	45	41	38	
	원(A)	28,455	20,325	16,260	15,447	14,634	12,195	11,111	10,298	
한국군 월급 (B)		13,600	10,180	7,470	3,490	400	360	300	260	
A/B		2.1	2.0	2.2	4.4	36.6	33.9	37.0	39.6	
A+B		42,055	30,505	23,730	18,937	15,034	12,555	11,411	10,558	

〈표 2〉 베트남전 참전 군인들의 계급별 경제적 보상 예시(1966. 1. 1~1967. 3. 3)
1966년 7월 이후(하위직 수당 인상 이후) 해외근무수당과 한국군 월급표.
환율은 1966년 평균 환율 1달러 271원 기준(한국은행 경제통계 제공).
(출전: 국회도서관 입법조사국 역, 1971 《전후 미국의 대한정책》 사이밍턴위원회 청문록; 최용호,
2007 《통계로 본 베트남전쟁과 한국군》, 국방부 군사편찬연구소를 참고하여 재작성).

베트남전 파병으로 '내 집 마련'이 가능했다!

(베트남전에서 받은 월급이) 그게 와서 이제 우리 집 사는 그 밑천이 됐는데 50만 원이야, 50만 원. 그때 그 50만 원의 가치를 지금 뭐 잘 모르겠는데 하여간 국민주택이고 내가 그 대주동에다 국민주택을 샀는데 그것이 뭐 20평을 넘질 않았어. 방이 두 개짜리고 부엌이 하나 요렇게 달린 건데 70만 원이야. 근데 20만 원을 은행에서 이제 대부받아서 (중략) 그러니까 월남을 안 갔으면 집, 내 집 마련은 못 한 거야. 근데 그때가 내가 장교로 임관돼가지고 10년 되는 때에요. 그래 10년 만에 그래두 내 집 마련을 한 거야. 월남 갔다 온 덕에. 하하하, 참.

— 이필수, 구술일자 2014년 11월 21일.

이필수 씨는 1965년 9월, 한국이 처음으로 베트남에 전투부대를 보냈을 때 파병되었다가 1966년 11월 귀국했다. 파병 당시 그의 계급은 대위였고 베트남에서 곧 소령으로 진급했다. 그는 1년 2개월간의 베트남전쟁 근무로 받은 월급을 모아 장교 생활 10년 만에 작지만 그래도 '내 집'을 마련할 수 있었다. 개인의 인생에서 가장 큰 전환점이자 안정적인 기반을 마련하는 계기가 '내 집 마련'이라면 베트남전은 바로 그것을 성취할 수 있었던 기회였다.

이제 그때 봉급이 나오잖아요? 그거 모아가지고 나중에 장가 들어

가지고 애가 둘이 있을 때거든. 셋방살이 했는데, 우리 집사람이 모아가지고 말이야. 저 외국어대학 그 옆에 그때는 새로 지어서 파는 집도 조금 많잖아. 24평짜리 집이야. 그것도 기와집이지. 그렇지만. 그걸 말이야 24평짜리를 갖다가 은행에다 그거 해가지고, 조금 융자 받아가지고 어, 그때 80만 원에 샀던 거야, 80만 원에. 내가 돌아올 때는, 내가 그래도 문패가 달린 집이 있었다구요.

–최태주, 구술일자 2013년 12월 4일.

최태주 씨는 1966년부터 1967년까지 맹호사단에서 근무했다. 소령으로 파병되어 중령으로 귀국한 그 역시 베트남에 다녀온 이후 '그것도 기와집'인 내 집을 마련할 수 있었다. 베트남에서 돌아왔을 때 "그래도 문패가 달린 집"이 생겼다는 그의 말투에서 은연 중에 뿌듯함과 자랑스러움이 묻어난다. 그의 인생에서도 참전 경험은 경제적으로 아주 중요한 도약의 계기였다. 이를 조금 더 구체적으로 살펴보자.

다음의 〈표 3〉은 경제기획원 조사통계국이 1970년에 발간한 《도시가계연보》의 월평균 가계수지를 정리한 것이다. 표에서 볼 수 있듯이 1966년 도시 봉급자 가구의 월평균 소득은 약 18,120원이고 지출은 약 17,490원이었다. 이를 이필수 씨와 최태주 씨의 경험과 비교해보자.

대위로 파병되었다가 소령으로 진급한 이필수 씨의 경우 해외근무수당으로 매달 약 150~165달러를 수령했는데 이는 원화로 환산

하면 약 41,000~44,000원이었다. 여기에 한국군 월급을 합하면 그는 매달 최소 53,000원 이상을 받을 수 있었다(〈표2〉 참조). 군인이었던 그는 봉급자에 속했기에 가족들이 도시 봉급자 가구의 월평균 지출(17,490원)만큼 생활비로 썼다고 가정하면, 그는 현지에서 쓴 비용과 가족 생활비를 제하고 1년 2개월간 매달 최소 약 36,000원씩을 저축할 수 있었을 것이다. 그렇게 모은 50여만 원으로 그는 '내 집 마련'에 성공할 수 있었다. 〈표 2〉에서 확인할 수 있듯이 1966년 대위 월급이 약 12,000원, 소령 월급이 약 19,000원이었던 점을 감안하면 베트남전 파병은 생활비 지출만으로도 빠듯했던 가계 사정에 결정적인 경제적 기회를 제공해줬을 것이다.

베트남에 소령으로 갔다가 중령으로 귀국한 최태주 씨도 마

	구분	1965	1966	1967	1968	1969	1970
소득	근로자가구	9,380	13,460	20,720	23,830	27,800	31,770
	봉급자	13,050	**18,120**	26,060	29,980	34,360	38,440
	노무자	6,880	10,160	16,170	18,380	21,180	24,000
지출	근로자가구	9,560	13,100	19,980	23,310	27,020	30,300
	봉급자	13,160	**17,490**	24,820	29,300	33,390	36,040
	노무자	7,140	10,060	15,870	17,970	20,600	23,680

〈표 3〉 가구당 월평균 가계수지(전 도시)(단위: 원)
※근로자 가구의 월평균 소득 및 지출은 봉급자와 노무자 가구의 월평균 소득 및 지출을 합친 평균을 의미한다.
출전: 경제기획원 조사통계국, 1970 《도시가계연보》, 42~47쪽에서 재구성.

찬가지이다. 1966년 한국군 소령 월급은 18,720원, 중령 월급은 23,040원이었다. 그 또한 베트남에 가지 않았다면 월급만으로는 내 집 마련을 꿈꾸기 어려웠을 것이다. 그러나 그는 베트남 참전 기간 중 월급과 해외근무수당을 합해 매월 최소 63,000원 이상을 받을 수 있었고 여기에서 도시 봉급자 가구의 평균생활비(약 17,000원)만큼을 제하면 매달 최소 46,000원가량을 모아 '그것도 기와집'인 내 집 마련을 할 수 있었다.

이필수와 최태주, 이 두 사람은 베트남 특수를 국가적 차원에서뿐만 아니라 개인의 삶에서도 체험할 수 있었다. 이는 당시 베트남 참전 장교들에겐 적어도 보편적 경험이었던 것으로 보인다.

사병들에게 '특수'는 먼 나라 얘기

그러나 안타깝게도 베트남전이 모든 군인들에게 다 '특수'였던 것은 아니었다. 파병군인 32만여 명 중 장교는 26,900명으로 전체 인원의 8퍼센트였다. 나머지 92퍼센트는 24만 명의 사병과 57,000여 명의 하사관으로 구성되어 있었다.[5] 이 중 대다수를 차지한 사병들에게 주목해보자.

〈그림 2〉는 앞의 〈표2〉에서 A+B항목(해외근무수당+한국군 월급)의 계급별 평균치를 도표화한 것이다. 여기서 잘 드러나듯이 사병들이 베트남에서 받은 경제적 보상은 한 달 평균 12,390원에 불과

했다. 가장 큰 이유는 징병제도하에서 한국군 사병들의 월급이 미미한 수준이었기 때문이다. 〈표 2〉에서 보듯 이병 월급은 260원, 병장 월급은 400원이었다. 물론 이들이 징집되어 입대한 사병이었고 상당수가 지원이 아니라 차출로 파병된 점을 고려하면, 한 달에 해외근무수당 12,000원가량의 소득은 상당한 추가소득이었

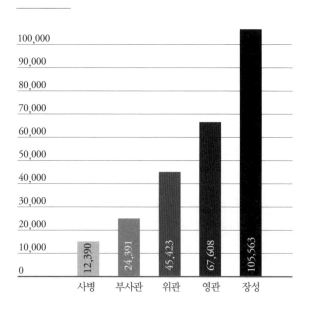

〈그림 2〉 〈표 2〉에서 A+B(해외근무수당+한국군 월급)의 계급별 평균
사병들이 베트남전쟁에서 받은 경제적 보상은 한 달 평균 12,390원으로 장성급이 받은 평균 총액의 9분의 1, 영관급이 받은 평균 총액의 6분의 1 수준이었다.

다고 할 수 있으며 장교와 사병의 소득 차이도 어쩌면 당연한 것이라고 볼 수 있다.[6]

그러나 사병들은 베트남 현지에서 훨씬 더 위험에 노출되어 있었다. 이들이 전쟁터에서 어떤 위험을 겪었는지는 영화 〈국제시장〉만 봐도 쉽게 짐작할 수 있다. 주인공 덕수는 군인이 아닌 기술자로 베트남에 갔지만 전투현장에서 위험을 감수해야만 했다. 더욱이 사병들은 직접 전투를 담당했기 때문에 그만큼 더 위태로운 상황을 겪어야만 했다. 그럼에도 사병들이 베트남전쟁을 통해 얻을 수 있었던 평균적인 경제적 보상은 당시 도시 근로자 가구의 월 평균소득 13,000원을 약간 밑돌았다. 만약 사병들이 가계를 책임지는 가장이었다면 생활비를 충당하기도 빠듯했을 것이며, 가계를 책임지지 않았다고 해도, 이들이 목숨을 걸고 벌어온 달러는 어느 정도 경제적 보탬이 되었을지언정, '내 집 마련'과 같이 인생을 안정시키거나 도약시킬 만큼의 결정적인 '특수'였다고 보긴 어렵다. 이는 이필수 씨나 최태주 씨와 같은 장교들뿐만 아니라 〈국제시장〉 속 덕수의 모습과도 일정한 차이가 있다.

'귀국 선물'에도 계급에 따른 차이

군 계급에 따른 베트남 특수의 경험 차이는 이처럼 해외근무수당과 월급에서만 존재했던 것은 아니었다. 군인들은 PX 이용과 '귀국 선물'에서도 계급에 따라 다른 '베트남 특수'를 경험했다. 파병 한국군들은 귀국할 때 중량 1톤을 넘지 않는 범위 내에서 휴대품을 소지할 수 있었는데 이 휴대품을 흔히 '귀국 선물'이라고 칭했다. 귀국하는 군인들은 주월미군의 PX에서 한국에서 쉽게 구할 수 없거나 비싼 제품을 사 가지고 들어올 수 있었다. 이때 가지고 들어오는 카메라, TV, 냉장고와 같은 가전제품이나 화장품, 씨레이션C-ration(전투식량) 같은 물품은 내 집 마련 만큼은 아니었지만 개인이 베트남전으로 인한 경제적 성과를 생생하게 체험할 수 있던 '전리품'이었다.

내 집 마련에 성공한 최태주 씨는 베트남에서 TV, 냉장고 등 당시 선망의 대상이던 가전제품을 가지고 들어올 수 있었고 그것이 자신의 '재산목록'이 되었다고 말한다.

월남에 있을 때 말이여. 우리가 제일 그 전투장에서도 이제 후방 거기 있으면, 피엑스PX 가는 게 제일 재미야. 피엑스 가면 우리가 만져보지 못한 거 많잖아. 카메라, 시계 뭐 할 거 없이 말이야, 테레비 뭐 많잖아요. 그 테레비는 그때도 귀했어요. 테레비 하나 가져오는 게 말이야 그게 최고의 목표고 말이야. 그때는 집에 나도 이제 그럴 때 내가 오기 전에 귀국하는 하사한테 보냈거든? 우리 집이 테레비를 가지, 아주 동네 우리 집밖에 없어. 〈도망자〉? 한참 〈도망자〉 유행했을 때 우리 집에 다 모여가지고 그거 테레비 보는 게 그때 그거였어요. 응? 그리고 냉장고도 요만한 거, 응? (면담자: 그 때는 또 냉

〈그림 3〉 《동아일보》 1966년 7월 19일자 6면.
정부의 3개년 TV공급계획에 관한 기사이다.
이를 통해 당시 TV가 대부분의 가정이 갖고 있지
못한 귀한 상품이었다는 것을 알 수 있다.

〈그림 4〉 《동아일보》 1968년 4월 19일 자 2면 금성텔레비젼 광고.
16인치 금성사 TV가 국내에서 6만원 대였고
그것이 상당히 고가였기 때문에 매월 5,000원씩
할부로 사야 했다는 것을 보여준다.

장고도 귀했잖습니까?) 귀했지……그게 우리 집에 그거 해도 재산목
록이 뭐냐면, 테레비, 요만한 냉장고, 그 다음에 오디오 시스템이었
다고.

- 최태주, 구술일자 2013년 12월 4일.

1966년은 박정희 정부가 'TV보급 3개년계획'을 세울 정도로
TV가 귀했던 시절이었다. LG의 전신인 금성사의 '테레비'가 처음
시장에 나온 것이 1966년 9월이었으니 당시 베트남전에서 돌아온
군인들의 '귀국 선물'이 얼마나 귀했을지 충분히 가늠할 수 있다.
그러나 이런 특별한 '귀국 선물' 또한 아무나 살 수 있었던 것은 아
니었다.

소총 중대와 대대급 이상은 천당과 지옥 차이

소총부대는 밖에 나갈 시간이 없잖아, 맨날 전투하고. 그러니까. 귀
국 할라고 해도 뭐, 뭐가 없어. 그러니까 겨우 한다는 게 씨레이션
C-ration 몇 박스 넣고, 그 국산 맥주 있잖아. 그거 사 가지고 피엑스
PX에서 사 가지고 그걸 각자 채우는 거야.……이게 큰, 그 행정부대
근무했던 사람은 돈 많이 벌어왔단 소리가 거기서 나오는 거야. 돈
많이 벌어왔다. 그 좋은 부대 근무한 사람은 돈을 벌어왔지. 근데 소
총 중대 근무한 사람들은 캔 맥주, 국산 캔 맥주 가지고 왔는데. 깡통

만 가지고 왔더라. 그것도, 깡통만. 그래서 이게 소총 중대하고 대대
급 이상은 천당과 지옥이더라. 내가 월남 가서 느낀 거 그렇더라고.

– 이국진, 구술일자 2014년 3월 24일.

1969년 12월부터 맹호부대 소대장을 했던 이국진 씨는 소위로
파병되어 참전 기간 내내 소총 중대에서 근무했다. 보통 소총 중대
3개와 본부 중대, 화기 중대가 하나의 보병 대대를 구성하는데, 이
국진 씨는 베트남에서 소총 중대와 대대급 이상의 부대는 천당과
지옥만큼의 차이가 났다고 표현한다. 대대 이상의 부대에서 근무
한 사람들은 돈을 벌어왔지만 직접 전투를 하는 소총 중대에서 근
무한 사람들은 '깡통뿐인 국산 캔 맥주'만을 가지고 귀국했을 뿐이
라는 것이다. 소위 선망의 대상이었던 TV나 냉장고 등의 가전제품
은 대대보다 상위인 연대급 PX에 가야 구할 수 있었고 그것마저도
고위급 장교들이 선점했기 때문이었다.

(PX는) 대대까지만 있어. 그래서 대대에 있는데 가끔 인제 물건들 뭐
편지지니 뭐 이런 거 있잖아, 볼펜, 뭐 이런 거. 어? 생활품 필요한
거……라디오도 그 인제 연대에 가면 PX가 있는데, 나도 PX 관리장
교 한 석 달인가 했었거든? 근데 그게 집중적으로 몇 개씩 이렇게 나
와. 사단사령부에서. 그럼 고거 갖다 놓으면 말이야 연대 본부에 높
은 사람들이 다 줏어 가버려. 소총 중대까지 나오지도 않아.

– 홍수창, 구술일자 2014년 1월 21일.

1968년부터 1970년까지 맹호부대에서 소대장과 중대장을 역임했던 홍수창 씨는 본인이 장교였음에도 불구하고 외제 가전제품이나 고급 제품을 쉽게 접할 수 없었다고 말한다. 본인보다 더 고위급이었던 연대본부의 장교들이 선점해버렸기 때문이었다. 소대장과 중대장도 쉽게 구하기 어려웠을 정도니 사병들은 말할 것도 없었다. 장교들이야 부대에 따라 고급 PX제품을 가지고 들어올 수 있는 기회라도 있었지만 사병의 경우 연대급 부대에서 근무한다고 해도 해외근무수당으로 받는 액수가 많지 않았기 때문에 그런 제품을 살 여력이 없었다.

사병들은 가전제품 구입 여력 없어

(질문: 그때 그 피엑스PX에서 그런 물건 살 수 있는 게 이렇게 장교나 이런 분들 말고 일반 사병들도 그 구입이 다 가능한가요?)
구입이 가능한데 아마 저 사병들이 살래야 또 돈도 없잖아.
– 김일식, 구술일자 2013년 9월 2일.

테레비도 뭐, 테레비는 무슨, 사병들이야 뭐 비싸 못 사지. 장교들이야 뭐 테레비 같은 것은 뭐 한 대씩 가져왔지, 조그마한 거.
– 김주용, 구술일자 2012년 12월 21일.

김일식 씨는 1969년 1월부터 1년간 맹호사단에서 대령으로 근무했으며, 김주용 씨는 1967년 9월부터 13개월간 주월사령부에서 대령으로 근무했다. 이들 모두 사병들은 돈이 없어서 PX제품을 살 수 없었다고 증언한다.

PX제품 중 가장 선망의 대상이었던 TV는 당시 상당한 고가 제품이었다. 1968년 '금성테레비' 지면광고를 보면 국내에서 판매되는 TV는 1대당 6만 원가량이었다. 이를 미군의 PX에서 아무리 저렴하게 판매한다고 해도 해외근무수당과 월급으로 약 12,000원을 받고, 그중 80퍼센트 이상을 송금한 사병들이 살 수 있는 가격은 아니었다.

이렇게 '베트남 특수'는 개인이 어떤 계급이었는가에 따라 다른 의미를 가졌다. 사병들에게 1~2년간의 해외근무수당은 한국의 도시 근로자 월 평균소득(13,460원) 만큼의 벌이는 가져다 줬지만 내 집 마련, 냉장고, TV, 전축, 장사 밑천 등 베트남 특수라고 할 때 흔히 연상되는 가시적인 성과물을 가져올 만큼의 금액은 아니었다.

'베트남 특수'에 주로 기여한 계급은 사병과 부사관들

그럼에도 국가 전체 차원의 베트남 특수에 기여한 사람들은 주로 사병과 부사관들이었다. 국방부 군사편찬연구소(선임연구원 최용호)가 출간한 《통계로 본 베트남전쟁과 한국군》에 따르면 베트남전쟁 기간 중 전체 해외근무수당 수령액의 82.8퍼센트인 약 2억 달러가 한국으로 송금되었다. 이는 보통 약 10억 달러로 추산되는 베트남 특수의 20퍼센트에 달하는 것으로, 베트남 특수의 가장 큰 비중을 차지하는 항목 중 하나다[7]. 그런데 1966년 7월 한 달간 베트남 주둔 한국군 2만 8,000여 명의 해외근무수당 수령액을 보면, 총 154만 달러 중 장교 수령액은 전체의 약 18퍼센트였고 사병과 부사관의 수령액이 전체의 약 82퍼센트였다.

즉, 제2차경제개발5개년계획의 성공에 크게 기여했던 군인들의

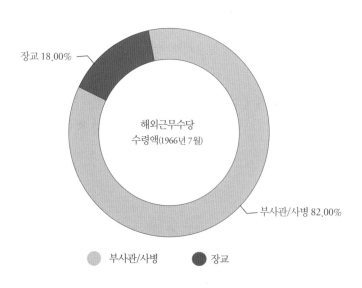

장교 18.00%

해외근무수당
수령액(1966년 7월)

부사관/사병 82.00%

● 부사관/사병　　● 장교

〈그림 5〉1966년 7월, 총 해외근무수당 수령액 중 부사관/사병 대 장교의 비율
출전: 최용호, 2007《통계로 본 베트남전쟁과 한국군》, 국방부 군사편찬연구소, 154쪽 .

송금액 대부분이 부사관과 사병들의 송금액이었던 것이다. 이 사실은 하위직 군인들에게 국가적 차원의 베트남 특수와 개인적 차원의 경제적 성취가 서로 다른 것이었으며 이 둘 사이에 일정한 괴리가 있었다는 것을 보여준다.

현지 제대 군인들은 예외적으로 '골드러시' 행

물론 하위직 병사들 중에도 예외는 있었다. 한국 정부는 전투병을 파병하기 시작하면서 기술인력 파견도 적극 추진했는데 그 과정에서 파병 군인 중 현지에서 제대한 후 베트남에서 활동하는 기업에 기술자로 취직하는 경우가 있었기 때문이었다. 이들을 이른바 '현지 제대' 군인이라고 불렀다.

1966년 11월 맹호부대 출신 제대 군인들의 한진상사 취업을 시작으로 1966년부터 1973년까지 총 1,922명의 파병 군인들이 현지에서 기업에 취업했다. 이들은 한국 기업인 한진상사, 경남통운뿐만 아니라 미국 기업인 Vinnel사, RMK-BRJ사 등에 취업할 수 있었다.

힘든 군생활을 마치고 현지 기업에 취직할 수 있었던 이들은 개인적으로 굉장한 베트남 특수를 누릴 수 있었다. 이들의 임금은 미국 기업의 경우 한 달 평균 405~690달러였고 한국 기업의 경우 평균 325~350달러였다.[8] 사병으로 있을 때 받을 수 있는 해외근무수당의 최고액이 월 54달러였고 최고 계급인 중장의 수당이 300달러였던 사실에 비하면 엄청난 금액이었다. 실상 베트남 파견 기술자로 선발되는 것이야말로 월남행 '골드러시 버스'를 타는 것이었고 '한 밑천 장만'을 가능하게 하는 계기였다. 〈국제시장〉에서 대한상사에 취직한 덕수가 바로 이런 경우였다.

까다로웠던 현지 제대 취업 기회

그러나 '현지 제대' 군인으로 취업할 수 있는 기회도 누구에게나 주어지는 것은 아니었다. 우선 채용 대상자로 운전병과 같은 '비보병 출신 병사'들을 선호했기 때문에 전투를 수행하는 대부분의 보병은 기회를 얻을 수가 없었다. 또한 남베트남 노동계의 반발로 채용이 중단되기도 했으며 1969년부터는 베트남전쟁이 단계적으로 종결되면서 특수경기가 가라앉았기 때문이다.[9] 따라서 파병 전 기간 동안 참전했던 사병 24만 명 가운데 현지 제대로 취업한 인원은 약 2,000명, 0.8퍼센트에 불과했다.[10] 파병 군인들의 베트남 특수 경험은 이처럼 군 계급에 따라, 혹은 상황에 따라 달랐기 때문에 당시 신문에서 자주 언급되곤 했던 '골드러시 버스'는 실제로 아무나 탈 수 있었던 것이 아니었다.

〈그림 6〉《동아일보》 1968년 12월 26일자 4면.
기사는 한국에 여섯 식구를 두고 베트남에 기술자로
취업해서 수십만 원의 빚을 갚고, 집과 조그마한 목공소를
차릴 밑천도 장만한 서 씨의 사례를 이야기 하면서,
많은 기술자들이 '월남행 골드러시 버스'를
탔다고 소개하고 있다.

〈그림 7〉 1969년 신중현이 작곡하고 김추자가 노래하여 선풍적인
인기를 끌었던 〈월남에서 돌아온 김 상사〉가 수록된 앨범의 표지.
이 노래가 공전의 히트를 기록한 이후 '김 상사'는
한국 사회에서 베트남 참전 장병을
대표하는 이미지가 되었다.

월남에서 돌아온 그가 '김상사'인 이유

월남에서 돌아온 새까만 김 상사 이제사 돌아왔네
굳게 닫힌 그 입술 무거운 그 철모 웃으며 돌아왔네
말썽 많은 김 총각 모두 말을 했지만
의젓하게 훈장 달고 돌아 온 김 상사
 폼을 내는 김 상사/ 돌아 온 김 상사 내 맘에 들었어요.
 -〈월남에서 돌아온 김 상사〉, 김추자 1969년 발표.

1969년 김추자가 노래한 〈월남에서 돌아온 김 상사〉가 공전의
히트를 기록한 이후 '김 상사'는 한국사회에서 베트남 참전 장병,
하면 떠오르는 이미지가 되었다. 마을에서 말썽만 부리던 김 상
사가 의젓한 청년이 되어 전쟁에서 돌아와, 마을 여성들의 눈길을
한몸에 받는다. 추측컨대 그것은 그의 품행이 변화했을 뿐만 아니
라, 그가 경제적 능력을 넉넉히 갖춘 어엿한 '예비 가장'으로 변모
했기 때문이기도 했으리라. 물론 상사 계급의 부사관은 군생활을
오래 한 군인이었기 때문에 노랫말이 그리는 것처럼 미혼의 젊은
청년은 아니었을 확률이 높다. 그러나 비록 작사가가 의도한 것은
아닐지라도 당시 사회적으로 월남에서 온 그가 '김병장'이 될 수
없었던 이유를 지금까지의 논의를 통해 추정해볼 수 있지 않을까.
 아래의 〈그림 8〉은 1966년 해외근무수당과 한국군 월급을 합
쳐 한 달에 약 24,000원을 받는 중사 계급 이상은 되어야 도시 봉

급자 가구의 월평균 소득을 뛰어넘어 어느 정도 저축이 가능했으리라는 점을 보여준다. 반면 병장 계급이 받은 경제적 보상은 도시 봉급자 가구의 월평균 소득을 하회한다. 베트남전에 다녀왔다고 해도 병장으로 제대를 했다면 한 가정을 넉넉하게 꾸려나갈 경제적 능력을 갖추기 어려웠으리란 점을 의미한다.

지금까지 살펴본 것처럼, 적어도 수치상으로 봤을 때 중사급 이상의 군인들과 하사 이하 사병들이 받은 경제적 보상에는 큰 차이

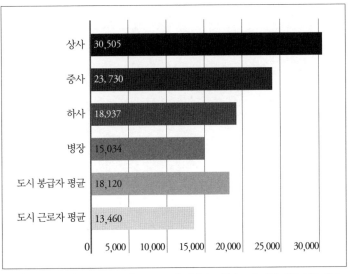

〈그림 8〉 **1966년 베트남 참전 군인**(상사~병장)**의 경제적 보상과 도시 가구 평균 소득 비교**
위의 도표는 〈표 2〉에서 1966년 상사~병장의 A+B(해외근무수당+한국군월급)와 〈표 3〉에서 1966년 도시 근로자와 봉급자 가구의 월 평균소득을 비교하여 그래프로 나타낸 것이다.

가 있었으며 PX에서 고급 제품을 구매할 수 있는 기회에도 차이가 있었다. 참전 군인 모두가 '김 상사'처럼 경제적으로 자립하고 개인적 특수를 누릴 수 있었던 것은 아니었던 것이다. 1960년대 후반 널리 유행했던 노랫말 속 주인공이 김 병장도 아니고, 김 하사도 아닌 '김 상사'였던 이유가 이 사실에 있었던 것이 아니었을까. 국가적 차원의 '베트남 특수' 속에는 이처럼 미세한 결들이 존재했던 것이다. 이런 사실을 감안하면 파병 병력의 대다수를 차지했던 하위직 군인들에게 베트남전쟁은 경제적 특수가 아니라 전쟁 그 자체였다. *권혁은

05

공장새마을운동의
두 얼굴

–박정희가 꿈꿨던 공장, 노동자들이 원했던 현장

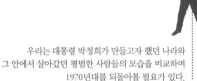

우리는 대통령 박정희가 만들고자 했던 나라와
그 안에서 살아갔던 평범한 사람들의 모습을 비교하며
1970년대를 되돌아볼 필요가 있다.

한국의 1970년대는 한국 현대사에서도 유난히 강력한 국가권력과
높은 경제성장률이 겹쳤던 시기다. 그만큼 70년대의 박정희는 오
늘날 완전히 정반대의 모습으로 기억된다. 한쪽은 박정희 리더십
과 경제성장을 다른 한쪽은 유신독재와 긴급조치를 이야기한다.
평가의 한가운데에 박정희가 떡 하니 자리 잡으며, 그를 신격화하
거나 악마화한다. 이런 평가들은 이분법의 한계에만 그치지 않는

다. 가치판단을 최소화한 역사교과서도 사정이 다르지 않다. 1970
년대를 박정희 유신독재와 이에 맞선 민주화운동, 경제성장의 주
제어로 압축한다. 하지만 이러한 주제어들의 연결고리를 설명하
지 않기에 "정치는 못했지만 경제는 잘했지"라는 기묘한 평가로
이어질 수 있다. 권력이 강했던 만큼 평가 대상도 박정희 개인으
로 귀결되기 쉽다. 하지만 우리는 대통령 박정희가 만들고자 했던
나라와 그 안에서 살아갔던 평범한 사람들의 모습을 비교하며
1970년대를 되돌아볼 필요가 있다.

　이 글은 복잡한 타래를 풀기 위해 작은 것에 주목한다. 박정희가
꿈꿨던 나라에서 수출입국의 최전선인 공장은 어떤 모습이었는지
살펴본다. 특히 공장으로 확산된 새마을운동을 들여다본다. 새마
을운동은 국가안보의 '총화단결' 이름으로, 유신체제를 수호하는
국민운동으로 전국 각지에 퍼져나갔다. "새벽종이 울렸네, 새아
침이 밝았네"로 시작하는 새마을노래는 농촌만의 것이 아니었다.
더 나아가 공장새마을운동의 대상자이자 참여자였던 평범한 노동
자들의 반응을 살펴보자. 여기에서 '평범한 노동자'는 산업역군으
로 불렸던 '모범근로자'부터 빨갱이로 몰렸던 민주노조 조합원까
지 포함한다. 우리는 지금까지 '모범근로자'를 유신체제에 맞서 싸
우지 않았던 사람들로 기억할지 모른다. 한편 민주노조 조합원은
투사로만 기억하며 그들의 일상을 애써 지웠는지 모른다. 유신체
제 아래에서 평범한 사람들은 정부의 정책을 어떻게 생각했는지,
이들의 평범함이 어떻게 주변을 변화시켰는지 돋보기를 들이대보

자. 흐린 날씨에 바람보다 빨리 눕고, 바람보다 빨리 울고, 바람보다 먼저 일어나는 풀뿌리 같은 사람들의 이야기를 살펴보자.

국가안보를 위하여 노동쟁의를 멈춰라!

1960년대 후반부터 박정희 정부는 여러 위기에 직면했다. 1968년 1월, 남북의 군사적 긴장관계는 일촉즉발의 위기로 치달았다. 북한은 청와대를 급습할 124군 특수부대를 남파했고 이들은 청와대 인근까지 진출했다. 소위 1·21사태 또는 김신조 사건이라 불리는 사건이다. 또한 북한은 자신의 영해에서 미 해군 정보함인 푸에블로호를 나포했다.

박정희 정부의 위기는 남북관계에 그치지 않았다. 사회·경제 상황도 좋지 않았다. 조국 근대화의 깃발이 나부꼈던 1960년대를 지나 70년대에 들어서면서 경제불황과 부실기업의 도산이 줄을 이었다. 대학가도 들끓었다. 69년 3선개헌 반대운동과 71년 교련 반대 데모가 좀처럼 사그라지지 않았다. 정치적 상황 역시 긴박하게 돌아갔다. 71년은 대통령 선거와 국회의원 선거가 모두 열리는 해였다. 야당 후보 김대중의 돌풍은 박정희 대통령을 위협하는 듯 보였다. 기득권을 쥔 사람에게는 국난의 위기로, 사회 변화를 염원하는 사람에게는 변화의 기회였던 한 해가 지나가고 있었다.

1971년 12월 6일, 윤주영 정부대변인은 국내외 기자들을 불러모았다. 박정희 대통령은 그의 입을 빌려 "국가비상사태를 선포한다"고 말했다. 박정희 대통령은 냉전의 완화를 국가안보의 위협으로 강조했고, 이를 극복하기 위한 국민들의 총화단결을 요구했다. 박정희 대통령이 말하는 '총화단결'이란 국가안보 아래 국민의 희생을 의미했다. 그 희생은 인간으로서 누려야 할 기본권의 포기였다. 야당이었던 신민당은 국가비상사태 선언과 이를 뒷받침하는 〈국가보위에 관한 특별조치법〉(이하 국가보위법)에 항의하며 농성을 시작했다. 그럼에도 정부와 공화당은 12월 27일 새벽, 야당의 반발을 무릅쓰고 날치기로 국가보위법을 통과시켰다.

2015년 위헌 결정을 받은 이 법은 대통령이 독단적으로 비상사태의 선포와 해제를 결정할 수 있게 하였고, 언론과 집회 및 시위를 통제했다. 또한 국회 동의 없이 대통령이 경제동원령까지 내릴 수 있었다. 무엇보다 이 법은 직접적으로 노동자들의 권리를 억눌렀다. 노동조합은 단체교섭이나 단체행동에 앞서 관청에 신고하고 그 조정을 따라야만 했다. 노동조합이 법의 이름으로 사실상 무력화된 셈이었다.

박정희는 왜 무리수를 두며 노동권을 억압했을까? 1970년 11월, 평화시장에서 젊은 노동자 전태일이 분신하였다. 그의 목소리는 한국사회에 노동 문제의 심각성을 알렸다. 마치 이에 반응하듯 노동쟁의가 1년 만에 10배 이상 증가하여 1971년 1,656건이나 발생했다. 쟁의 숫자는 늘었지만 노동자들의 요구는 매우 온건하고 상식적이었다. 대부분은 명절을 앞두고 체불임금 지급을 요구했다.

그러나 대통령과 정부는 이러한 요구조차 국민총화와 국가안보를 해치는 행위라고 생각했다. 여기에서 그들의 신경질적인 불안감을 엿볼 수 있다.

'국가비상사태'는 정부가 노사관계에 직접 개입할 수 있는 좋은 수단이었다. 국가보위법이 모든 공장과 직장의 노사교섭을 통제했기 때문이다. 이러한 조치에 비판적인 목소리가 이어졌다. 지식인들은 노동조합이야말로 건전한 민주주의 국가를 건설하는 훈련소인데, 이를 잃었으니 이제 노동자들은 자본의 폭력으로부터 스스로를 보호할 힘을 잃었다며 정부를 비판했다. 야당인 신민당도 6개월간 국회 등원을 거부하고 장외투쟁을 벌였다. 심지어 대자본가의 이해관계를 대변하는 한국경영자협의회마저 정부의 직접적인 노사 문제 개입에 불만을 가졌다. 국가비상사태 선포로 표면적인 노동쟁의가 사라졌지만 음성적으로 문제가 지속될 것을 누구보다 잘 알았기 때문이다. 그럼에도 국가비상사태는 박정희 대통령이 사망할 때까지 해제되지 않았고, 국가비상사태를 법적으로 승인했던 국가보위법은 개정조차 되지 않았다. 애초에 이 법은 "북한의 침략능력"을 기준으로 제안되었다(국가보위에 관한 특별조치법안 제안이유, 1971. 12. 21). 즉, 북한이 존재하는 이상 국가보위법은 사라질 수 없도록 만들어졌다. 국난극복과 국가안보의 이름 앞에 자유와 상식, 그리고 국민의 기본권은 하찮은 말이 되었다. 정부는 모순적이게도 북한에 기대어 국내의 자유를 억압하고 있었다. 1972년 유신헌법의 선포와 유신체제의 성립은 국가비상사

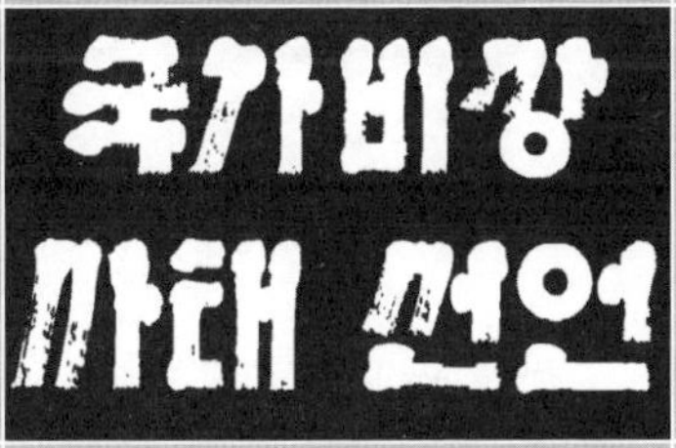

국가비상사태 선언

〈그림 1〉 대한뉴스 제856호 "국가비상사태 선언".
박정희 대통령은 국가비상사태를 선언하고, 안보
위주의 사회 재편을 강조했다. 이를 위해 국민
자유의 일부를 유보한다고 밝혔다. 국가비상사태
선포는 다음 날 언론 및 대한뉴스 등을 통해
전국민에게 전파되었다(출처: KTV, e-영상역사관).

〈그림 2〉 국가비상사태하의 노동쟁의 조정업무 처리
요령 통보.
"국가보위에 관한 특별조치법"이 제정되자
정부는 이 자료와 같은 공문을 각 노동조합으로
발송했다. 공문에 나오는 "시행령"은 결국 제정
되지 않았다. 구체적인 시행령도 없이 행정관청의
개입으로 노동권이 제약되었다(출처 : 민주화운동
기념사업회 오픈아카이브).

〈그림 3〉 부서진 현대조선
수위실과 정문을 경계하는 경찰관들.
(출처: 민주화운동기념사업회
오픈아카이브, 《경향신문》).

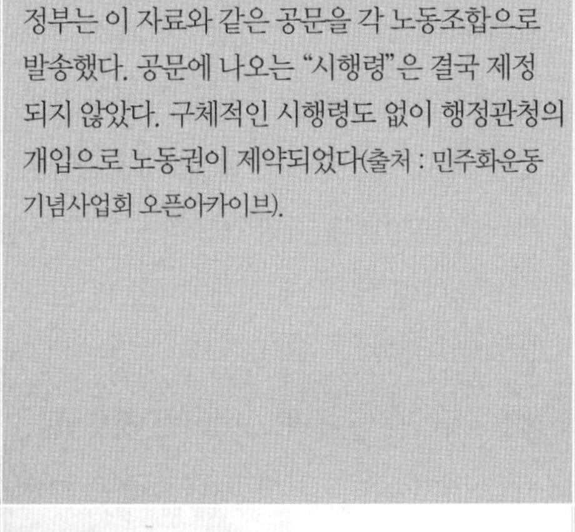

태의 사후조치였을 뿐이다.

현대조선 노동자들의 저항,
억눌렸던 노동 문제를 국회로 끌고오다

1974년 추석을 열흘 앞둔 9월 19일 아침, 울산 현대조선 소속 기능공 수백 명이 건조부 사무실 뒤 공장에 모였다. 이들은 회사 측이 제시한 위임관리제도, 즉 직접고용에서 하청으로 전환한 것에 불만이 컸다. 수백 명의 웅성거림은 곧 물리적 저항으로 이어졌다. 순식간에 모인 1,500여 명 노동자들은 공장 내 집기와 차량을 부수고 본관과 매점, 식당 그리고 경비대가 위치한 팔각정까지 공격했다. 분을 삭이지 못한 노동자들은 공장 밖으로까지 진출을 시도했다. 당시 '현대조선 폭동'으로 알려진 사건이다. 갑작스럽게 발생한 이 사건은 1970년대 최대 규모의 노동자 투쟁이었다.

1970년대 내내, 최저생계비도 벌지 못하는 사양산업의 저임금 문제는 심각했다. 당시 정부와 정치권, 학계 등에서 주요 노동 문제는 저임금 문제라고 인식될 정도였다. 그렇기에 현대조선 노동자들의 저항은 정부와 재벌에게 큰 충격으로 다가왔다. 현대조선은 정부에서 중점 육성하는 중화학공업이었고 다른 직종에 비해 상대적 고임금을 받았기 때문이다. 국가보위법은 눈에 보이는 노동쟁의를 줄였지만 기업인들의 우려대로 노동자들의 불만은 누적

되고 있었다. 엎친 데 덮친 격으로 1973년 제1차 석유파동이 발생했다. 법적으로나 조직적으로나 노동자들은 절대적으로 불리한 위치에 놓여 있었다. 국가안보의 이름으로 노동권이 제약되자 부당노동행위가 다시 증가했고 노동자들의 생활은 심각하게 위협받았다. 최저생계비도 받지 못하는 저임금 노동자들이 다시 증가했다. 현대조선 노동쟁의는 국가보위법하 노동정책이 저임금 문제뿐 아니라 노동자들의 불만을 제대로 조정할 수 없다는 사실을 다시금 확인시켜주었다.

10월 정기국회에서 현대조선 노동자들의 저항은 심각하게 다뤄졌다. 신민당은 이 사건을 언급하며 국민의 기본권 침해와 노동권 문제를 제기했고, 국가보위법의 폐지를 주장했다. 박한상 신민당 의원은 국가보위법이 히틀러의 수권법이나 태평양전쟁기 일본의 국가총동원법과 무엇이 다르냐며 강력하게 항의했다. 정부도 노동 문제를 심각하게 받아들이고 있었다. 노동쟁의의 대부분은 경제적 동기에서 발생했지만 이것이 정치 문제로 비화되면서 정부의 정치적 부담으로 이어졌기 때문이다. 여당인 공화당 의원조차 현대조선 사건을 "가진 자와 못 가진 자의 이중구조" 문제라고 지적하며 정부 정책의 전환을 요구했다(제9대 제90회 국회 법제사법위원회 회의록 제6호(1974. 10. 26), 제9대 제90회 국회 본회의 회의록 제11호(1974. 10. 12)).

그러나 정부는 국가비상사태와 국가보위법을 손볼 생각이 없었다. 신민당이 노동 문제 해법으로 국가보위법 폐지와 민주주의 회복을 제시한 반면, 정부·여당은 노동쟁의 자체가 안보 위기의 증거라고 말했다. 1974년 가을, 박정희 정부는 여전히 안보 문제를 앞세워 여러 비판에 귀를 막았고 노동 문제 해결의 기회를 흘려보내고 있었다.

"모범기업은 작은 국가와 같습니다"
: 공장새마을운동과 '모범공장'

한국 경제는 석유파동의 위기를 극복하고 호황기에 들어섰다. 경제지표는 이를 증명하는 듯했다. 수출 백억불 돌파라는 정부의 원대한 목표가 무려 3년을 앞당겨 1977년에 달성되었다. 그해 12월에는 '백억불 수출의 날' 기념식이 성대하게 열렸다. 농촌에서는 화려하게 치장한 여성을 "백억불 아가씨"라 부를 정도로 사회적 파급 효과도 컸다. 경제호황은 노동시장에도 큰 변화를 가져왔다. 부실기업들을 헐값에 인수했던 재벌들은 다시 생산량을 늘려나갔고, 건설인력의 해외취업도 증가했다. 중동건설 현장에서 일하는 청년들의 모습이 전파를 탔다. 진학률이 높아지면서 농촌에서 무제한적으로 유입되었던 미숙련-저임금 노동력도 점차 줄어들었다. 일할 사람을 구하기 어려워진 시대, 노동시장은 점차 노동자들에게 유리해졌다. 그렇다면 노동자들의 삶은 얼마나 좋아졌을까?

경제지표가 상승곡선을 그려도, 노동시장이 변화해도 임금은 각 공장단위에서 결정됐다. 국가보위법은 임금 단체교섭에서 정부의 조정을 강제했다. 이 때문에 1976년 전체 노동자의 70퍼센트는 최저생계비도 벌지 못하는 저임금 지대에 놓였다. 열심히 일을 해도 살림살이가 나아지지 않았다. 해가 바뀌어도 상황은 달라지지 않았다. 노동자 평균 월급은 77,375원이었는데 전체 노동자의 70퍼센트는 이 금액도 받을 수 없었다. 다른 한편, 직종별·학력별·성별·숙련별 노동자 사이의 임금격차가 증가하면서 평균임금을 기준으로 한 노동정책은 평범한 노동자들의 가난을 해결할 수 없었다.

박정희 대통령은 1976년 9월, 어느 때와 마찬가지로 청와대에서 새마을운동 지도자들을 만났다. 그는 이 자리에서 "모범기업은 작은 국가"와 같다면서 공장새마을운동의 전개를 지시했다. 공장새마을운동으로 '모범기업'을 육성하라는 것이었다. 1970년대 한국은 새마을운동의 시대였다. 박정희에 따르자면 새마을운동은 "유신이념의 실천도장"이었다. 그의 한마디에 전국 방방곡곡에 새마을 깃발이 나부꼈고, 새마을 노래와 새마을 건전가요가 보급되었다. 대통령 부부는 매년 대규모로 새마을지도자대회를 열어 각 지역의 '모범사례'를 표창했고, 이들을 청와대로 초대했다. 새마을 모범사례들은 영화관, TV, 라디오에서 소개되었고, 모범생활수기는 잡지와 책자로 만들어 배포했다. 근면·자조·협동의 슬로건은 개인에게 근면한 노동자이자 국가를 위한 국민으로 거듭나라고 끊임없이 말을 걸었다. 이것이 국가안보를 위한 길이라 여겨졌다.

대통령의 지시가 있자 상공부장관과 경제4단체 회장, 한국노총 위원장 등이 참여하는 공장새마을운동 추진협의회와 실무위원회가 구성되었다. 1977년에는 전국의 기업을 망라하기 위해 대한상공회의소에 공장새마을운동 추진본부를 설치했다. 국영사업체 중심이었던 참여 공장도 순식간에 2,200개 공장으로 확대되었다. 이중 섬유산업의 비중이 제일 컸고, 공장새마을운동에 참여한 노동자의 89퍼센트는 생산직 노동자였다. 요컨대 저임금 문제와 노사갈등 가능성이 높은 공장들의 참여가 두드러졌다.

그렇다면 왜 갑자기 1970년대 중반에야 공장새마을운동이 강조되었을까? 공식 자료에는 농촌새마을운동의 성과를 공장으로 파급·확산시킨 것이라 한다. 그러나 이 설명만으로는 부족하다. 앞서 설명한 1974년 국면에서 정부는 여전히 국가안보를 앞세워 노동권을 제약했다. 대신 정부는 노사협의회제도를 강화했다. 노동권을 제약하면서도 노동자들의 불만을 듣기 위한 자리를 형식적으로 마련한 것이다. 노동법을 개정하자 각 공장에는 산업평화를 목적으로 하는 노사협의회가 의무적으로 만들어졌다. 그러나 기업인들은 노동자들의 의견을 들어야 한다는 부담 때문에, 노동자들은 이 제도 자체에 대한 무지로 인하여 노사협의회는 제대로 운영되지 못했다. 이러한 상황에서 대통령의 통치철학이라는 새마을운동은, 정부의 의도—국민총화, 총화단결—를 각 공장에 침투시킬 중요한 방식으로 선택되었다.

그렇다면 박정희가 작은 국가와도 같다고 말했던 '모범공장'의 모습을 살펴보자. 1977년 12월 새마을지도자대회에서 방림방적, 해태제과, 동일방직 안양공장은 '새마을훈장'을 수여받았다. 영등포에 위치한 방림방적은 노동자 6,000여 명을 고용한 방적업의 대표 공장이었다. 그런데 1977년 2월 방림방적에서는 새마을 잔업과 체불임금 문제로 쟁의가 발생했다. 노동자들은 14개항으로 이뤄진 진정서에서 "새마을운동이라는 명목으로 공짜 일을 시키고 임금은 안 줍니다", "큐씨 활동시간(1회 약 3시간)을 잔업시간으로 달아주십시오" 등 새마을운동으로 인한 폐단을 지적했다. 방림방적 사건은 재야 민주화운동세력이 '방림방적 체불임금 대책위원회'를 구성했을 만큼 사회적 파장이 컸지만 쟁의를 주도했던 노동자들은 모두 해고되었다. 해태제과는 1976년 특근 문제로 노사 갈등이 발생했는데 이 과정에서 국제자유노련이 나서서 노조 탄압의 진상규명을 요청한 공장이다. 이처럼 '모범공장' 선정 과정에서 노동자 처우 문제는 중요한 기준이 아니었다. 모범공장의 기준은 전국새마을대회를 앞두고 노동쟁의가 발생하지 않거나 기업 규모가 커서 사회적 파급력이 큰 공장이었다.

정부의 적나라한 선택은 동일방직 안양공장에서 더 선명해 보인다. 동일방직 안양공장은 박정희 대통령에게 "새마을운동의 좋은 본보기"라는 평가를 받았다. 박근혜 구국여성봉사단 총재도 이 공장을 새마을운동의 상징이자 새마음운동의 대표라 추켜세웠다. 새마음운동은 새마을운동을 정신적 측면에서 지원하고, 충·효·

예를 앞세워 유신체제의 영속화를 추구했던 운동이다. 우리는 여기에서 1970년대 민주노조운동을 대표하는 동일방직 인천공장을 떠올릴 필요가 있다. 동일방직 인천공장의 노동자 1,300여 명 가운데 1,200여 명은 여성노동자였다. 이들은 1972년 여성 지부장을 선출하고 노조활동을 지속했지만 정부와 회사의 지속적인 탄압을 받았다. 1978년 2월, 노조 대의원대회를 앞두고 회사 측은 남성노동자(관리직)를 매수하여 대회장을 습격하고 여성노동자들에게 대변을 마구 뿌렸다(동일방직 똥물사건). 이 사건으로 회사는 노조를 장악했고, 해고자들은 장외투쟁을 이어나갔다. 동일방직 인천공장이 민주노조운동의 핵심으로 부상하자 정부는 반대편의 안양공장을 노사협조의 대표공장으로 선정하고 이들의 공장새마을운동 활동을 담은 잡지를 배포한 것이다. 이처럼 공장새마을운동은 노동권이 제약된 시대에 겉으로는 노사갈등의 합리적 조정을 내세우며 확산되었다. 하지만 실제로는 정부와 회사 측의 입장을 선전하는 데 활용되었다. 이것이 박정희 대통령이 이야기했던 '모범기업'과 '작은 국가'의 민낯이었다.

노동자들의 공장새마을운동 사용설명서

현장 노동자들에게 공장새마을운동은 무엇이었을까? 노동 문제를 은폐하는 나쁜 짓으로 받아들여졌을까? 이 문제는 "그렇다"라고 단순하게 답변하기 어렵다. 공장새마을운동은 산업평화만큼이나 생산성 향상을 강조했고, 이를 위해 노동자들의 참여를 이끌어내는 여러 프로그램을 기획했다. 모범공장의 사례를 모아 노동자들의 일상을 재구성해보자.

가뜩이나 부족한 잠에도 나는 '10분 전 출근하기 운동'에 맞춰 조기출근해야 한다. 근무복으로 갈아입고 새마을조회에 참석하자 애국심을 함양한다며 국기게양식, 애국가 제창, 건전가요 제창, 대통령어록 청취를 한다. 작업조장이 새마을 전달교육을 하는데 이번에는 새마을표어 붙이기라고 한다. 여기에 응모해야 한단다. 작업시간에도 새마을운동이 이어진다. 생산성이 좋아야 월급도 오르고 국가가 부강해진다고 한다. 이를 위해 하루종일 빠른 걸음으로 일해야 한다고 한다. 바쁜 와중에도 '나는 단정하다' 운동을 해야 하니 장발과 더러운 작업복을 체크해야 한다. 매달 한 번씩 '공장새마을의 날'이 돌아온다. 이날은 쾌적한 작업공간을 만든다며 공장 대청소, 화단 가꾸기를 한다. 농번기에는 공장 주변의 마을로 나가 모내기 일손까지 돕는다. 물론 이런 시간들이 잔업이나 근무시간으로 계산되지는 않는다.

근무시간이 끝나도 공장새마을운동은 끝나지 않았다. 새마을운동의 꽃이라는 분임조 활동을 해야 했다. 분임조는 생산라인별로 조직되어 효율적 생산방식을 토의했고 다음날 기계 앞에서 적용해야 했다. 남성노동자에게 술과 담배는 금지되었고 퇴근 후에는 새마을부인회에서 사업지침을 하달받아 새마을노래 합창, 각종 위문공연에 참여해야 했다. 한편 여성노동자들은 건전한 심신을 가꾸라며 요리강습, 꽃꽂이, 등산 등의 공장 내 서클 가입이 권장되었다. 이는 여성노동자들의 외부 접촉 기회를 줄이면서 종업원 정체성을 형성하려는 목적으로 운영되었다. 여기까지가 '점화 단계'의 활동이며 '기초 단계', '자조 단계', '자립 단계'로 발전할수록 더 많은 활동, 예컨대 공장 주변의 도로 건설이나 외부 반공시위 동원이 기다리고 있었다. 이처럼 공장새마을운동은 노동자들의 일상 깊숙이 들어왔으며, 노동자들은 참여와 동원 사이에 존재했다. 다수 공장에서 노동자들은 동원되었지만 피곤한 몸을 이끌고 적극적으로 참여하진 않았다. 어떤 공장에서는 공장새마을분임조인 QC(Quality Control)분임조를 '골치Qual-Chi' 분임조라 바꿔 부르기도 했다.

새마을운동은 귀찮은 것이었지만 공장생활에 애착을 가졌던 일부 노동자들은 적극적으로 운동에 참여했다. 낯선 공장생활에서 상급자나 주변 동료에게 "일 잘한다"는 품평은 달콤해 보였다. 물론 이러한 인정욕구는 어느 순간 배신당하거나 강화되기도 했다. 이러한 측면에서 자기실현의 욕망이 강했던 노동자들에게 공장새마을운동은 자신의 존재감을 알리면서도 어깨에 힘을 줄 수 있는, 또는 적극적으로 목소리를 낼 수 있는 창구로 여겨졌다. 특히 공장새마을운동에서 분임조 활동은 노동자들의 적극적 참여를 유독 강조했다. 기업주 입장에서는 생산성 향상과 연관되었고, 정부 입장에서는 말단 노동자들의 자발적 참여로 보였기 때문이다. 새마을교육에서도 분임조의 민주적 토의방법을 중요한 비중으로 가르쳤다. 분임조 활동의 꽃은 경진대회였다. 생산라인별로 조직된 분임조들은 옆의 분임조와 경쟁했다. 분임조원들은 자신들의 성과를 발표했고 작업라인별 우승팀이 결정되면 이들은 공장 내 경진대회를, 더 나아가 지역대회, 전국대회로 진출했다. 여기서는 1976년 동일방직 인천공장·안양공장 합동 QC경진대회에 참가한 여성노동자들의 기록을 살펴본다.

(우승을 하지 못하고) 참가상이라는 소리를 들었을 때, 그 순간 나도 모르게 눈물이 핑 돌았다. 모두 나만 쳐다보는 것 같았고 울지 않으려고 애를 쓰면 그럴수록 염치도 없이 자꾸만 흘렀다. 사가 제창과 함께 대회가 끝나자 우승팀을 등 뒤로 한 채 허겁지겁 현장으로 왔다.
– 안양공장 모범근로자, 이○○ 수기, 〈QC서어클 활동 현장수기–안개를 헤치며(2)〉,《QC써어클》1977년 3월호.

나도 이런 장소에서 의젓하게 서서, 우리 '목화'팀의 발표자가 되고 싶다. 혹시 그런 좋은 기회가 올지도 모르니 발표자의 모든 태도와 발표 내용의 정리에 대하여 관심을 가져 보는 것이다. 다음 발표대회 때는 우리 '목화'도 한몫 끼는 거다. "발표자 석○○" 이 말은 생각만 해도 가슴이 울렁거린다.

– 인천공장 민주노조 조합원, 석○○ 일기, 〈어느 여공의 일기─불타는 눈물〉,
《대화》 1976년 12월호.

'모범근로자' 이○○과 '민주노조 조합원' 석○○은 공통되게 분
임조 활동에 열망을 보였다. 순응적인 이미지의 '모범근로자'와 저
항적 이미지의 '민주노조 조합원'은 물과 기름처럼 볼 수 없다. 민
주노조들은 처음부터 공장새마을운동을 적대시하지 않았다. 오히
려 노동조합 활동이 축소된 상황에서 자신들의 모임을 유지하고,
목소리를 낼 수 있는 곳이라 여겼다. 청계피복노조는 육영수 여사
의 하사금으로 새마을노동교실을 지었고, 이곳에서 새마을운동 프
로그램뿐 아니라 노동조합 행사와 일상모임을 개최했다. YH무역
노동조합도 사측과 갈등이 발생하기 전까지 새마을교육에 잘 참여
한 편이었다. 반도상사 노동조합 회보에 따르면, 노동조합 간부 2
명은 각각 정부 주관 새마을교육과 노동운동계에서 지원하는 크리
스찬아카데미 노동교육을 수료했다. 각기 다른 성격의 교육을 받
았던 노종조합 간부 2명은 신기하게도 동일한 내용으로 이를 기록
했다. '새 역사 창조를 위한 노동조합 활동', '건전한 국가 만들기',
'지도자를 중심으로 조직화'를 배웠다는 것이다(반도상사 노동조합
회보 《한마음》 제8호, 1976년 8월). 이는 노동조합의 판단 오류나 잘못
된 기록을 의미하지 않는다. 민주노조는 작업장에서 문제가 발생
하지 않는 한 공장새마을운동을 거부하기보다 활용하려 했다. 많
은 여성노동자들이 농촌 출신이라 새마을운동 자체에 거부감을 갖

〈그림 4〉 한국공업표준협회에서 각 공장마다 배포했던
'공장새마을 품질관리분임조' 잡지.
공장노동자를 대상으로 배포되었기 때문에 많은 '모범수기'
와 각 분임조들의 사연이 담겨 있었다.

〈그림 5〉
YH무역회사가 일방적으로 폐업을 공고했다.
경찰들이 지켜보는 가운데 폐업에 반발하는 노조원들은
강제로 퇴직금을 받아야 했다. 퇴직금을
받았으니 회사를 빨리 나가라는 말이었다.
(출처: 민주화운동아카이브, 《경향신문》).

지 않았고, 공장새마을 분임토의는 노동자들이 의견을 나눌 수 있는 장으로 활용되었기 때문이다. 공장새마을운동이 겉으로 내세웠던 구호, "종업원을 가족처럼, 공장 일을 내 일처럼"은 공동체 의식을 고양시켰고, 공장새마을 구호는 의외의 효과를 낳기 시작했다. 본래 분임토의는 '문제 제기-토의-대안 도출'의 순서대로 진행되었는데, 감시자가 없는 공간에서 노동자들은 생산성 문제를 자신들의 처우 문제로 전환했다. 노동자들에게 '내 일처럼'은 노동조건을 둘러싼 일이었으니 말이다.

오늘 생산부 회의실에서 큐씨 써클의 모임이 있었다. 어쩌다가 직포과의 출근시간 문제가 이야기되었다. 나와 연봉이는 메뚜기가 제철 만난 듯이 열의 있게 떠들어댔다. 조장들은 자기네도 다 같은 입장이면서 회사 편을 들었다
— 동일방직 인천공장 조합원, 석○○ 일기, 〈어느 여공의 일기─불타는 눈물〉, 《대화》 1976년 12월호.

(새마을교육에서) 북한의 새벽별보기운동 그거를 얘기했거든요. 근데 우리도 진짜 집에 가면 별 보여요. 그 우리끼리 "우리가 다른 게 뭐가 있냐? 우리도 이거 남한에 천리마운동 아니야, 이거? 어?" 우리끼리 그런 얘기하고 집에 간 적도 있거든요. (중략) 북한은 지금 새벽별 보기운동으로 엄청 고생하고 뭐 국민들이 엄청 시달린다는데 그럼 우린 편안하냐 이거죠.

– 남영나이론 노동자, 김○○ 인터뷰, 성공회대학교 민주주의 연구소 소장.

정부와 기업주는 다 같이 잘 살 수 있다는 환상을 유포하여 노동문제를 은폐하거나 생산성을 향상시키고자 했다. 이것이 환상인지 아닌지는 중요하지 않았다. 오히려 노동자들은 국가안보 담론을 거스르지 않으면서도 그 틀거리, 즉 새마을운동을 자신들의 처지에 맞게 활용했다. 노동자들에게 '잘 살기 운동'이란 노동현장에서의 '대등한 노사관계', '노사공동운명체'를 구현하기 위한 자기 목소리 내기였다. 공장새마을운동이 내걸었던 기만적 수사를 현실의 구호로 옮긴 것이다.

"정부와 은행은 근대화의 역군을 윤락가로 내몰지 말라"

공장새마을운동이 확산될수록 정부와 기업인은 새로운 고민에 빠졌다. 노동자들의 적극적 참여를 유도했지만, 새마을 분임활동에서 새어나오는 불평, 불만을 완전히 통제하지 못했기 때문이다. 결국 정부는 1978년 '공장새마을분임조 일원화' 조치를 취했다. 이 조치는 토의 주제를 생산 영역으로 한정시켰고, 노동자 처우 등 경영문제 토의를 금지시켰다. 분임조의 조직적 위상을 강화하면서도 자신들의 통제를 벗어날 수 있는 상대적 자율성을 제거하려 했다.

정부와 기업, 노동자들의 동상이몽은 1979년 제2차 석유파동이

터지자 위기를 맞이했다. 열심히 일하면 월급이 올라간다던 공장 새마을운동의 환상은 여지없이 무너졌다. 불황이 닥치자 생산성에 상관없이 조업단축과 폐업하는 공장이 늘어갔다. YH무역사건이 대표적 사례였다. 한국 가발산업의 대표주자, 장용호 YH무역 사장은 가발산업이 쇠락하고 노동조합 활동이 늘어나자 1979년 3월 공장을 폐업하고 미국으로 떠났다. 장용호는 평상시에 노사공동체 의식을 강조하던 인물이었다. 노동자들은 공장 폐업을 반反국가적·반反사회적 행위라고 규정했고, 장용호를 공장새마을운동의 원칙(노사공동체 의식)에 위배되는 반사회적 기업인이라고 비판했다.

여기에서 경영진의 입장을 대변했던 인물인 윤능선의 회고를 눈여겨볼 만하다. 윤능선은 1970년대 전경련과 경총의 사무국장, 상무이사, 전무를 역임하며 공장새마을운동 기본구상을 마련했다. 그는 YH무역 사건을 "공장새마을운동과 같은 한국적 풍토가 오히려 역습을 받은 것"으로 회고했다(윤능선, 《경제단체인생 40년》, 1997, 212~214쪽). 산업평화의 이데올로기가 저항의 무기로 전환된 것이다.

정부와 은행은 근대화의 역군을 윤락가로 내몰지 말라.

목이 터져라 우리의 정당한 주장을 외치곤 쉬어 버린 목으로 악을 쓰며 노래를 부릅니다. 〈저 푸른 초원 위에〉라는 유행가에 우리가 작사를 붙인 노래입니다. 함께 힘차게 불러보시지 않겠습니까.

YH 옥상 위에 노총 깃발 꽂아놓고

사랑하는 동지들과 한백년 살고 싶네
임금은 최저임금 생산량은 초과달성
연근 야근 다해줘도 폐업이란 웬말이냐
YH옥상 위에 노총깃발 꽂아놓고
사랑하는 동지들과 한백년 살고 싶네
– YH무역 노동자 1979년 8월 8일 〈호소문〉 중

　YH무역 노동자들의 절박함은 4월부터 8월까지 장기농성으로
이어졌다. YH무역 노동자들은 대부분 농촌 출신 여성으로 공장에
서 쫓겨나면 당장 고향으로 돌아가거나 도시에서 다른 일거리를
찾아야 했다. 하지만 가발산업의 특성상 나이 어리고 학력이 낮
았던 그녀들이 도시에서 할 수 있는 일은 많지 않았다. 갑작스러
운 공장 폐업과 퇴직은 고향을 떠날 때부터 꿈꾸었던 것들이 무너
지는 것을 의미했다. 공장 동료들과 쌓아 올린 유대감이 한순간에
사라지는 것이기도 했다.
　정부는 문제를 해결하기는커녕 사태를 악화시켰다. 한 근로감
독관은 YH무역사건을 "광복 이후 노동청과 국민 모두가 겪은 최
악의 노사분규"라고 비난했다. 이는 정부의 생각이기도 했다. 정
부는 조업단축과 폐업, 노사갈등 속에서 노동쟁의의 원인을 외부
세력의 선동으로 보고 도시산업선교회를 탄압했다. 다른 한편, 정
치권에서는 노동 문제 해결을 위해 국가비상사태 해제와 국가보
위법 폐지가 논의되었다. 여당 일부에서도 국가보위법하 노동정

책의 한계를 지적하고, 국가보위법 개정 의견을 제시했다. 그럼에도 정부는 환상이 걷힌 공장새마을운동을 다시 강화하여 이 문제를 돌파하려 했다. 박정희 대통령과 유신체제의 운영자들은 국가안보를 내세워 노동권을 억압하는 정책의 근본적 결함을 끝내 이해하지 못했다.

1979년 10월 26일, 박정희 대통령이 피살되고 일시적으로 노동행정이 이완되자 노동쟁의가 들불처럼 퍼져나갔다. 대부분의 노동쟁의는 임금인상 교섭이 몰려 있던 1980년 1~4월 사이에 진행되었다. 이 시기의 노동쟁의는 2,168건으로 87년 노동자대투쟁에 이르러서야 이 기록을 갱신했다. 쟁의방식도 1974년의 현대조선 노동자 투쟁이 전국으로 확산되는 듯 보였다. 전국 각지에서 분노한 노동자들은 공장을 점거하고 기물을 파손했다. 이들은 공장에 머물지 않고 거리로 나와 경찰과 대치했다. 정부와 기업주에 빌붙었던 어용노조의 퇴진과 억눌렸던 임금인상을 요구했다. 사북항쟁과 동국제강과 인천제철, 동명목재 투쟁은 이 시기의 대표적인 노동쟁의였다. 놀랍게도 인천제철과 동명목재는 1970년대 박정희정부에서 자랑하던 '공장새마을운동 모범업체'였다. 풀이 바람보다 빨리 눕고 빨리 일어나듯이, 공장 노동자들은 모범공장의 근로자에서 노동쟁의의 주인공으로 빠르게 변화했다.

1980년 봄, 전국 각지에서 발생한 노동쟁의는 1970년대식 노동정책의 완전한 실패를 의미했다. 지식인과 언론, 정치인, 노동행정 당국까지 노동정책과 노사관계의 근본적인 변화를 요구했다.

단지 박정희 대통령의 죽음 때문이 아니었다. 그가 꿈꿨던 공장과 노동자의 모습—무쟁의 상태의 지속, 노사갈등의 완벽한 조정, 끊임없는 성장—이 어디에도 존재할 수 없었기 때문이다. 비상사태의 일상화는 체제 경직성을 강화했다. 일상에서의 사소한 불만과 상식적인 요구마저 통제 대상이 되었다. 국가안보의 적으로 읽혔다. 유신체제 운영자들의 눈에는 어디로 튈지 모르는 평범함이야말로 국가안보를 위협할 불안요소로 보였던 것이다.

1980년 5월의 봄은 오래가지 않았다. 전두환 신군부는 노동쟁의가 주춤하고 학생시위가 사그라든 5월 17일, 비상계엄을 전국으로 확대하고 광주학살을 자행했다. 뒤이어 노동계에도 공권력을 투입했다. 1981년 신군부는 노동계 정화조치로 민주노조를 완전히 와해시키고 노동법령을 자신들 입맛대로 개정했다. 신군부의 안정적 집권이 완료된 1981년 12월에야 국가보위법을 '정권안보의 도구'라며 폐지하였다. 공장새마을운동도 민간단체로 이관되며 빠르게 사람들의 기억에서 잊혀졌다. 공장새마을운동과 민주노조운동, 짧은 봄을 경험했던 사람들은 6년의 시간이 더 흐르고 나서야 힘겹게 일어설 수 있었다. *임광순

기존의 역사 서술에서는 차마으로 다루어지지 못하는 '금기' 같은
존재들이 많이 있었습니다. 권력이 설정한 기준은 이들의 이야기를
우리의 시야로부터 배제해왔습니다. 역사학 신진연구자들은
이제까지 부당하게 외면당해 온 사람들을 조명하고자 합니다.

06

1950~60년대
한국의 여장남자

─낙인의 변화와 지속

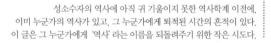

성소수자의 역사에 아직 귀 기울이지 못한 역사학계 이전에,
이미 누군가의 역사가 있고, 그 누군가에게 퇴적된 시간의 흔적이 있다.
이 글은 그 누군가에게 '역사'라는 이름을 되돌려주기 위한 작은 시도다.

'성소수자의 역사'라는 말은 아직도 무언가 어색하다. 과거뿐 아니
라 현재에도 성소수자의 인권은커녕 존재조차 묵살하려는 시도들
이 있고, 나아가서는 그들의 존재가 구태여 왜 부각돼야 하는지
모르겠다는 여론 또한 적지 않은 마당에, 성소수자에게 역사가 있
었다는 발상은 더욱 낯설 수밖에 없다. 한국 사학계 또한 성소수
자의 역사에 대한 정연한 연구가 현재로서는 드문 실정이다.

한국의 성소수자 역사 연구는 이제 막 첫 걸음을 떼었다. 그것이 과연 어떤 방법으로 이루어져야 하고, 또 애써 발굴해놓은 그 역사상이 여기 우리에게 무슨 의미가 있을지, 나아가 그것이 어째서 하나의 '역사 연구'가 될 수 있는지 학계에 널리 받아들여지기까지는 녹록찮은 인정투쟁의 시간이 필요할 것이다.

그러나 성소수자에 대한 혐오와 무지 이전에 이미 성소수자가 존재하듯이, 성소수자의 역사 또한 이미 거기에 존재한다. 성소수자의 역사에 아직 귀 기울이지 못한 역사학계 이전에, 이미 누군가의 역사가 있고, 그 누군가에게 퇴적된 시간의 흔적이 있다. 이 글은 그 누군가에게 '역사'라는 이름을 되돌려주기 위한 작은 시도다.

또 하나의 역사를 위하여

이성애자(남성과 여성이 서로 끌리는 성적 지향을 가지는 사람) 혹은 시스젠더cisgender(스스로 정체화한 성별과 지정 성별, 쉽게 말해 주민등록번호 뒷자리가 1로 시작하느냐 2로 시작하느냐의 그 성별이 일치하는 사람) 이외에, 동성애자, 트랜스젠더로 분류되는 사람이 존재한다는 사실에 사회가 눈을 돌린 지는 얼마 되지 않았다. 거기에는 1990년대 이래 20여 년간 벌여온 성소수자 인권운동의 각별한 노력이 있었고, 거기에 공명한 일반 대중의 인식 변화가 있었다.

그러나 1950~60년대에도 오늘날의 성소수자와 유사한 사람들은 존재했다. 이들은 당시 "성도착" 혹은 "정신병" 등으로 낙인찍히거나, 신기한 사례, 추문, 남세스러운 것으로 취급되었고, 가급적 드러나지 않는 편이 마땅한 것으로 치부되었다. 이러한 인식은 현재까지 일부 남아 있다.

따라서 주로 청소년을 대상으로 한 교과서, 더구나 "건전한 국민 만들기"를 목표로 하는 교과서에서, 이 성소수자의 존재가 포함될 가능성은 희박하다. 그러나 그들의 실체와 그들이 겪은 사회적 억압 또한 마땅하고도 당연한 역사의 일부분이다. 본디 역사가 버티고 선 저변은, 국사 혹은 역사교과서가 딛고 선 좁은 땅보다는 언제나 광활하게 마련이다.

성정체성은 구성된다

서울 용산서는 11일 미O사단 W.하링 상병을 절도 혐의로 검거했는데-.

……하링 상병은 11일 자정쯤 용산 어메리커·클럽에서 춤을 추다 위안부 임任모양(21·이태원동)과 사귀어 임양 집에서 잠을 자다 임양이 양성인 것을 알고 화가 치밀어 임任의 옷가지 20여 점을 훔쳐 달아난 혐의. ……영화 〈육체의 길〉에서 서커스·걸로 단역을 맡았던 임任양은 3년 전 성전환 수술을 받은 것이 잘못되어 양성을 갖게 됐다고
- 〈돋보기: 미美병이 위안부 옷가지 훔쳐〉, 《경향신문》 1969. 4. 11.

〈그림 1〉 당시 여장남자를 가십으로 다루는
언론의 시선이 잘 드러난 신문 만평.
안경을 낀 근엄한 중년 남성이
'의혹사건'을 들추자, 한 여장남자의
치마 아래 털복숭이 다리가 드러나고,
당사자는 어쩔 줄 몰라 당황한다.
《점입가경 – 여장남자?》,
《경향신문》 1963. 3. 6).

먼저 이 기사를 보자. "위안부"인 "임 모양"이 "양성"임이 밝혀졌다는 기사다. 그렇다면 위의 "임 양"은 현재의 기준으로 어떻게 부를 수 있을까. 그녀는 과연 트랜스젠더 여성이었을까, 아니면 간성intersex이었을까.

현재 통용되고 있는 각각의 소수자적 성정체성의 의미는 다음과 같다. 지정 성별이 남성이되 스스로를 여성으로 정체화하는 이들을 트랜스젠더 여성, 혹은 MTF(Male-to-Female) 트랜스젠더라 부른다. 이들은 대개 자신이 가지고 있는 남성기와 남성스런 몸에 대해 극심한 위화감dysphoria을 갖고, 이에 성 재지정 수술SRS(일명 '성전환' 수술)을 통해 이러한 위화감을 해소하기도 한다. 반면 간성은 염색체·호르몬·생식기 상 실제로 남성·여성으로 구분되기 힘든 사람을 일컫는다. 성 염색체가 XX나 XY가 아니라 XXY인 경우라든지, 남성기의 요도가 하열下裂되어 여성기처럼 보인다든지 하는 경우가 이에 해당한다. 따라서 현재의 기준으로 트랜스젠더와 간성은 서로 분명히 분리된다.

나아가 지금은 널리 알려진 연예인 홍석천 씨는 게이, 즉 남성 동성애자이고, 연예인 하리수 씨는 위에서 설명한 트랜스젠더 여성이다. 게이와 트랜스젠더는 서로 다르다. 방송에서 혹은 주위에서 이러한 각각의 성소수자 정체성이 헷갈리는 경우도 있지만, 현재의 기준에서 각각의 정체성은 명백히 서로 다른 특징을 갖고, 이를 혼동하는 것은 대체로 그들에게 무례를 범하는 일이 된다.

그러나 1950~60년대에는 이러한 각각의 성소수자 정체성이 오늘날의 형태대로 구성되지 않았고 비규범적 성애·성별을 실천하는 당사자들도 그런 용어들로 자신을 정체화identify하지 않았다. 위 기사에서 언급된 대로 그들은 당시 "양성" 혹은 "중성"이라 불렸고, 오늘날의 게이 혹은 트랜스젠더 여성에 해당하는 이들은 "보갈", "호모"라는 말로 불리기도 했다. 더불어 이 용어들은 당사자들이 처음부터 흔쾌히 자신을 가리켜 부른 용어라기보다는, 이들을 바라보는 사회가 만들어낸, 낙인 섞인 호칭에 가까웠다.

나아가 1980년대로 접어들면 남성 동성애자들은 "호모"로 불린 반면, "게이"는 다름 아닌 트랜스젠더 여성들을 가리키는 말로 사용되었다. 이처럼 각각의 성소수자 정체성은 시기에 따라 달리 구성되며, 오늘날에 정식화된 성소수자 정체성은 주로 1990년대 성소수자 인권운동이 출현하면서 자리 잡게 된 것이다. 결론적으로 1950~60년대에는 "성소수자"란 말이 존재하지 않았고, 따라서 오늘날의 정체성 용어를 적용하여 위의 경우들을 설명하는 것은 일정한 무리가 따른다. 오늘날의 성소수자와 유사한 당시 사람들을 '비규범적 성애·성별 실천 당사자'라 부를 수밖에 없는 연유는 이 때문이다.

그리고 무엇보다 위 신문기사 속의 당사자가, 당시 기자들이 캐묻듯이 던지는 질문에 스스로 자신의 정체성의 전모를 곧이곧대로 말할 이유가 없었다는 것도 생각해두지 않으면 안 된다. 성구매자 남성, 혹은 경찰에게 자신의 성정체성이 들켰을 저런 상황들은, 당사자가 흔쾌히 받아들일 상황이 결코 아니었을 가능성이 높기 때문이다.

따라서 당시 기사 속에서 언급되는 "양성", "중성", "동성애자", "여장남자" 가운데에는, 오늘날의 기준으로 이따금 여장을 즐기는 남성 동성애자였을 수도 있고, 자신을 여성으로 정체화한 트랜스젠더 여성이었을 수도 있으며, 신체적으로 남녀의 구분이 모호한 간성이었을 가능성도 있다. 이 점을 환기해두면서 좀 더 구체적인 당시의 사례 속으로 들어가보고자 한다.

유흥업 현장 속 성판매 여성과 여장남자

비규범적 성애·성별 실천을 다룬 당대의 기사는 많은데, 여기에서는 그중 여장남자의 경우를 살펴보고자 한다. 당시 언론에 등장하는 여장남자들 중 대부분은, 다름 아닌 접대부, 쇼걸 등 성매매에 종사하는 경우였다. 이에 관한 기사는 1950년대부터 70년대까지 그 내용을 일일이 설명하기 힘들 정도로 숱하게 등장한다.

예컨대 1950년 2월 7~8일 이틀에 걸쳐, 음식점에서 접대부로 일하다 여장남자임이 발각된 조모(19) 씨의 르포 기사가 《경향신문》에 실렸다. 이런 사실을 부끄러워하는 부모가 함께 인터뷰를 했고, 조 씨는 찢어지게 가난한 집안에 태어나 생계를 위해 여장을 하고 접대부 일을 시작했다고 한다. 1969년 12월에는 경로당을 찾아다니며 노인과 연애 및 동거를 하다 적발된 김모(38) 씨의 사

〈그림 2〉
당시 여장남자에 관한 르포기사는
이렇게 항상 사진이 첨부되었고,
"요리는 잘해요"라는 문구처럼 당사자의
여성스럽고 교태어린 면이 종종 강조되었다.
(〈색연필: 여장 26년의 중년〉, 《조선일보》 1969. 12. 7).

〈그림 3〉
이태원에서 적발된 이른바 '창남'들. 오늘날의 '게이'와
유사한 이와 여장남자가 나란히 찍힌 사진이 주목된다.
(〈경악보고: 서울에 '창남지대', 남자가 여장하고 "놀다가세요, 네!"〉,
《주간경향》 78, 1970. 5. 27).

례가 《조선일보》, 《경향신문》, 《선데이서울》에 각각 보도됐다. 김씨는 어릴 때부터 여성스러웠으며, 처를 잃고 딸도 없었던 아버지가 그를 딸처럼 길렀고, 열두 살 때 가출하면서 여장을 시작했다고 한다. 스무 살이 되면서 술집에서 일하며 인기를 끌다가 "퇴역할 나이에 접어든" 후에는 음식점을 전전했으며, 종내엔 경로당의 노인에게 의탁하고 여관에서 노인과 한 방을 쓰다가 아들의 신고로 경찰에 적발되었다. 경찰에서 그는 "아버지 같은 분이어서 부녀의 정을 나눴을 뿐"이라고 털어놨다.

이들이 성판매를 수행했던 곳은 당대의 유흥업소들이었다. 당시 성매매가 알선되고 수행되는 곳은 성매매 집결지 외에도 아주 많았다. 성매매는 일반음식점의 불법 접대부 고용을 비롯하여, 다방, "땐스홀", "살롱" 등 다양한 형태의 유흥업소 전반에서 관행처럼 존재했다. 이 유흥업 현장들에는, 성판매 여성뿐만 아니라 앞서 살펴본 여장남자들도 함께 존재했다. 가령 현재 '게이 게토'라 불리는 종로와 이태원은 모두 종로 3가, 미군부대 앞 기지촌 등 과거 성판매 여성들의 집결지이기도 했던 곳이고, 이는 현재에도 마찬가지다. 이들은 모두 정상가족 내의 성적 실천이라는 규범에서 한 발자국 벗어난 존재들이었고, 이들이 유사한 유흥업 현장에 모여들었다는 것은 곧 그들이 유사한 사회적 낙인을 둘러쓰고 있었음을 암시한다.

흥밋거리와 가십으로 소비되는 여장남자

대부분의 여장남자 관련 기사에는 몇 가지 패턴이 있다. 첫째로 접대부 등 성산업과 대부분 연관돼 있는 그들을 묘사할 때 여성스런 외모, 목소리, 교태 등이 강조된다. 둘째로 큰 기사에서건 1단 기사에서건 어김없이, 그들의 여성스런-혹은 덜 여성스러운 외모를 찍은 사진이 반드시 첨부된다.

여장남자들이 스스로 원해서 언론에 자신을 드러낸 경우는 거의 드물었다. 당시 언론에 소개되는 이들의 존재를 '주체'로 호명하는 것이 어려운 까닭이 이와 같다. 신문지상에 보도된 여장남자 사례들은, 대부분 여성으로 패싱passing(어떤 사람이 스스로 정체화한 성별 그대로 다른 사람에게 완벽히 받아들여지는 일. 가령 MTF 트랜스젠더가 여성임이 의심되지 않는다면, 혹은 FTM 트랜스젠더가 남성임이 의심되지 않는다면, 그 사람은 패싱에 성공한 것이다)되는 데 성공하지 못한, 당사자들로선 한없이 수치스러웠을 아웃팅outing(어떤 성소수자의 성적 지향, 성별 정체성이 본인의 의사와 상관없이 다른 이들에 의해 까발려지는 행위)의 순간일 수밖에 없게 된다. 그렇게 얼핏 여자로 보였으나, 결국 정체가 탄로나기까지 서사를 언론은 흥미 위주로 소개하는데, 이와 함께 끝내 패싱에 실패했던 그들의 사진을 매번 쐐기 박듯 게재했다. 이러한 보도 행태는 사실 최근까지도 별반 달라지지 않고 있다.

1. 뺨에 연주를 찍고 화장을 하고 여자 의복으로 접대부 행세를 하고 웃음을 팔고 다니다가 지난 1일 각 음식점 접대부 일제 취체에 적발되어 2일부터는 남자로 재출발시키고 있는 것이라는데……
   – 〈화제의 주인공 趙榮熙군 까까중 접대부〉,《경향신문》1950. 2. 4.

2. 지난달 31일 밤 당지 모 직장 직원이 문文과 더불어 만취토록 술을 마신 끝에 이 뜻밖의 사실을 발견한 것인데……
   – 〈화제의 여장한 남자〉,《동아일보》1956. 11. 10.

3. 술이 만취한 어느 손님이 우연히 이 사실을 알게 되었던 것인데……
   – 〈병신년 뉴스 其後 소식(9) 여장의남자 文錦成군〉,《동아일보》1956. 12. 13.

4. 12일 밤 손님에 의하여 남자인 사실이 드러났다고 한다.
   – 〈여장남자가 접대부 노릇, 기피자로 구속〉,《동아일보》1959. 8. 13.

5. 장사동 사창지대에서 이모(32) 씨를 붙들고 잠자러 가자고 아양을 떨다가 남자임이 탄로되었다고……
   – 〈잡혀들은 가짜 미인, 청년이 여장〉,《조선일보》1960. 4. 2.

6. 이 군은 전농동 시장 뒷골목에서 접대부 노릇을 하다가 '베일'이 벗겨져 경찰에 구속, 서울지방검찰청에 송치됐다.
   – 〈거리의 화제 : 여장남자, 서울서만 보름동안 세 명 발각〉,《조선일보》 1963. 2. 1.

7. 이 곳에서 이 군은 어느 술 취한 남자에게 그만 본색이 탄로 나서 더 있을 수가 없었다.

－〈女裝男人 "루지"를 지어본다〉,《경향신문》1964. 4.

8. 하룻밤을 같이 지내려고 했는데 브래저 밑으로 앙상한 갈비가 드러나 불을 켜봤더니 여장한 남자였더라고······

　　－〈돋보기: 정체 드러난 여장 접대부〉,《경향신문》1966. 5. 23.

9. 변장생활은 한 곳에서 오래 계속되지가 않았다. 탄로가 나면 손님들의 매를 맞는 일도 일쑤였다. 술집을 전전했다.

　　－〈뉴스의 배후: 춤추고 장고치며 女裝한 채 26년－경로당 노인을 반하게 한 여자 아닌 여자〉,《선데이서울》65, 1969. 12. 21.

10. 지난 16일 밤 그에게 연정을 품은 단골손님 강姜 모(35) 씨와 실랑이 끝에 남자인 것이 들통 나 그만 경찰 신세······

　　－〈성불구 청년이 여장 접대부 노릇〉,《경향신문》1972. 2. 19.

1950년대, 성 재지정 수술SRS을 다루는 모호한 입장들

그렇다면 1950~60년대에 여장남자를 둘러싼 사회의 변화에는 어떤 것이 있었을까. 이를 위해 당시 성 재지정 수술에 대한 입장의 변화를 살펴볼 필요가 있다.

　1955년에는 성 재지정 수술을 다룬 기사가 언론에 실렸는데,《조선일보》에 따르면 1955년 6월 최 모씨가 여성으로 정체화해오다 남성기가 뒤늦게 발견돼 이를 제거하는 수술을 받았고,《동아일보》와《경향신문》에 따르면 1955년 9월 백 모씨가 여자로 길러지다가

학령기에 이르러 남자의 외양이 드러나 남자로 "행세"하였고, 이후 다시 남성기를 제거하는 수술을 받았다. 기사 내용으로 미루어보아, 위의 당사자는 오늘날의 간성에 해당된다.

이러한 성 재지정 수술에 대해, 당시 사회는 이를 신기하고도 염려 섞인 눈으로 바라보았다. "천연의 섭리를 벗어난 지나친 외과적 술법이 인륜 대도를 어지럽힐까" 걱정된다는 반응부터, 앞으로는 결혼 전에도 상대방이 성전환한 사람은 아닌지 확인해야겠다는 반응도 눈에 띈다. 한편 수술을 원하는 사람 가운데도, 남성이 찾아와 "구직처가 없으니 차라리 '밤의 여인'이 되겠다"며 수술을 요청하기도 하였다. 이들은 모두 1955년의 기사였으며, 1969년에는 급기야는 부모가 갓난 아들을 데리고 와 "집에 사내아이만 셋 있으니 이 아기는 여자로 만들어달라"고 부탁하는 사례도 있었다.

나아가 1958년 《명랑》에는 여성에서 남성으로 '성전환'한 당사자가 다시 여성으로 '성전환'을 원한다는 소식이 실리기도 하였고, 그가 남성이었을 적에 만난 여성의 독점수기가 길게 실리기도 했다. 좀처럼 사실이라고 믿기 어려운 이 일화들에서, 우리가 읽어낼 수 있는 것은 두 가지다. 첫째, 당시 언론은 이들을 주로 흥밋거리, 가십으로 소비했고, 이들의 성정체성을 진지하게 취급하지 않았다. 둘째, 성 재지정 수술을 둘러싼 당시의 젠더 재현에는 남성·여성이라는 이원 젠더가 전제되었지만, 당대 사회에는 남녀로 딱 구분되지 않는 모호한 젠더 관념 또한 함께 존재했다.

그러나 원칙적으로 성 재지정 수술은 위와 같이 주로 '생식기'

〈그림 4〉 대한신경정신의학회에서
1962년 창간한 학술지
《신경정신의학》창간호 표지.
수록된 논문들에서 당시 '정신병'의
범주로 이해된 성소수자 사례들이
간헐적으로 언급된다.
《신경정신의학》1(1), 1962).

에 이상이 있는 간성에게만 적용되었고, 오늘날의 동성애자, 혹은 트랜스젠더에 해당하는 경우에는 금지되었다. 즉, '몸'에 "문제"가 있지 않은 경우는 "정신과 치료"가 요구될 뿐 외과시술은 할 수 없다는 입장이 그것이다. 물론 의학계의 이러한 방침이 의료현장에서 얼마나 철저히 지켜졌는지는 별도의 문제이지만, 어쨌든 이러한 방침은 간헐적으로 1950년대 당시 지면에 소개되고 있다. 더구나 간성을 상대로 한 이 성 재지정 수술에는 막대한 비용이 들었는데, 이에 간성의 경우 수술이 필요한 상황에서 수술비가 없어 곤란을 겪는 상황을 호소하는 기사가 실리기도 하였다. 수술 비용은 1959년을 기준으로 15~30만 환, 1971년 기준 10만 원 정도로 상당히 큰 금액이었고, 이는 오늘날도 마찬가지다.

정신질환 장애 취급, 성기 자해까지 — 근대화되는 낙인

한편 당시 여장남자를 비롯한 비규범적 성애·성별 실천은 의학권력에 의해 명실공히 "성도착증", 즉 정신병으로 취급되었다. 정신질환을 판단하기 위한 권위 있는 기준으로 미국정신의학협회APA에서 출판하는 《정신질환 진단 및 통계 편람DSM》이 널리 사용되는데, 동성애homosexuality가 정신질환 장애Mental Disorder 목록에서 빠진 것은 DSM-II의 7쇄가 출간된 1974년이었고, 트랜스젠더의 경우 의료보험 적용 등의 이유로 인해 1980년 DSM-III에 '성주체성 장애Gender Identity Disorder'라는 병명으로 새롭게 도입되었다. 이는 2013년 DSM-V에 이르러 '성별 위화감Gender Dysphoria'으로 수정되기는 하였지만, 현재도 트랜스젠더들이 성 재지정 수술을 받기 위해서는 의료권력의 정신질환장애 판정이 필요하다.

이렇듯 비규범적 성애·성별 실천은 당시 정신의학계의 시선으로는 명백한 정신질환이었는데, 이렇게 정식화된 규정은 1960년대에 접어들면서 차츰 사회로 확산되게 된다. 가령 1962년 대한신경정신의학회가 창간한 학술지 《신경정신의학》에는, 1960~70년대 학계에 보고된 정신병으로서의 이른바 "남성 동성애" 사례가 몇 건 소개되고 있다. 열거되는 사례는 앞서와 같이, 오늘날의 기준으로 동성애자와 트랜스젠더, 간성이 뒤섞인 형태다. 이러한 '증례症例'들은 주로, 어렸을 적 동성애와 같은 정신분열증이 생기게 되었던 가족환경을 상세히 기술한 다음, '증상'의 구체적인 발현에 대해 세세히 묘사하고 있다. 이러한 일련의 의학적 서술은, "동성애"를 정말로 정신병으로 다루었던 시절의 "과학적" 시각을 보여줄 뿐 아니라, 당시 비규범적 성애·성별 실천 당사자들이 느꼈던 감정들을 읽을 수 있어 참고가 된다.

이들 중 일부는 자신의 성별 위화감을 견디지 못하고 자신의 성기를 줄톱이나 고무줄로 자해하기도 하였는데, 이로 보아 이들은 현재의 트랜스젠더 여성이라 추측할 수 있다. 논문은 이들이 "성적 인식의 혼돈"을 보였으며, 그것의 원인으로 "조기 부모 격리", "모성 동일시"가 보인다고 지적했다. 즉, 이들의 '정신병'적 기원을 어렸을 적 가족관계에서 발견되는 모종의 '결핍'에서 찾은 셈이다.

　주목되는 것은 성기 절단 이후 당사자들의 심경을 언급하는 대목이다. 기혼자였던 한 환자는, "내가 거세를 했기 때문에 부인이 다른 남자에게 재가해서 행복하게 잘 살 수 있을 것이 아니겠는 가"라고 술회하였고, 성기 자해 후 "오히려 부담스러운 짐을 덜어 버림으로써 홀가분해졌다"고 밝혔다. 또 다른 '환자'는, 성기 자해 후 "이 일로 과거의 모든 잘못이 속죄되었다"고 밝히고, "옆에 있는 어머니를 위로하고 안심시키는 여유까지" 보였다. 이는 그들이 느꼈을 어떤 불편한 감정, 즉 성별 위화감이 비로소 해소된 기분을 드러내는 것이다.

　이들이 만약 지금 살아있다면, 이러한 느낌이 '장애'로 받아들여지기보다, 트랜스젠더 정체성에 대한 일정한 사회적 인식을 바탕으로, 보다 적절한 의료적 조치를 받을 수도 있었을 것이다. 그러나 이들의 이런 '해방감'은, 당시 의료권력의 눈에는 정신질환 장애의 일환으로 재단되었다.

[증례 2] 환자는 자살 목적으로 자신의 음낭을 가위로 절제하고 고환을 제거해버린 상태에서 내원했다. 자신도 모르게 부부관계가 싫어졌다고 하면서 "내가 거세를 했기 때문에 부인이 다른 남자에게 재가해서 행복하게 잘 살 수 있을 것이 아니겠는가"라고 술회했다. 전혀 후회나 불만 같은 것도 보이지 않았으며 오히려 "부담스러운 짐을 덜어 버림으로서 홀가분해진 느낌"이라고 표현했다.……

[증례 3] 자신의 음경을 1cm 가량 남기고 면도칼로 완전 절단한 상태로 응급실에 와서 지혈을 요구했다. "내가 다시 붙이려면 뭣하러 잘랐겠는가?"라고 반문하면서 옆에 있는 어머니를 위로하고 안심시키는 여유까지도 보였다.……딱 한 번 여자를 짝사랑했는데 거절당한 뒤로는 여자와 전혀 관계가 없었다. 간혹 자위행위를 했으나 오히려 죄책감만 갖게 되고 어떤 때는 성기를 제거하고 싶은 충동도 있었다고 한다. 치료에 비협조적인 환자는 "이 일로 과거의 모든 잘못이 속죄되었으며 신학대학에 들어가 목사가 되겠다"는 포부를 토로하기도 했다.

– 석재호·손봉기, 〈남성의 성기 자해에 대한 정신의학적 고찰〉, 《신경정신의학》 19(2), 1980, 98~100쪽.

더불어 1970년 무렵에 접어들면서 의학계는 성 재지정 수술에 대한 일반의 오해를 계몽시키고자, 이 수술은 남녀의 성기를 온전히 창조할 수 없음을 강조했고, 이 과정에서 간성에게만 성 재지정 수술이 허용되는 것이 마땅하다는 종래의 주장이 강화되었다. 더불어 비슷한 시기 《동아일보》와 《조선일보》에서는 간성이 아니라 오늘날의 트랜스젠더에 해당하는 이들의 "성전환" 욕구에 대해, "자궁선망증", "남근선망증"이라 명명하며 비판하고, 이것이 당시 기준으로 정신과 질환의 일종임을 분명히 했으며, 이들이 종종 시술받던 호르몬 주사에 대해서도 비판적인 입장을 취했다. 앞서 보았던 의학적 지식들이 1970년대에는 임상 단계에까지 깊이 침투했던 셈이다.

이 사실을 통해 알 수 있는 것은 다음과 같다. 성소수자, 혹은 비규범적 성애·성별 실천에 대한 낙인은 서두에서 보았듯 가십과 희화화가 섞인, 선정적이고 진지하지 않은 형태로도 존재했지만, 이처럼 의학권력에 의해 정식화된 지식처럼 과학적이고 근대적인 형태로도 존재했다. 의학적 지식이 근대화되는 과정에서, 소수자에 얽힌 낙인 또한 근대화되는 현상을 띠었던 것이다. 특히 후자의 경향은 1960년대 말, 군부독재의 통치가 노골화되던 시기를 맞아 더욱 강화되었다.

이들의 목소리에 귀 기울이는 법

물론, 당시 여장남자들 가운데 그 나름으로 자신의 삶과 사랑을 꾸려갔던 사람들도 있었을 것이다. 사회가 이들에게 부과한 낙인과 억압과는 별개로, 이들이 사적으로 영위했던 섹슈얼리티의 실천 또한 필시 존재했을 것이다. 아무리 엄혹한 시절을 보낸 소수자라고 하더라도 그 나름의 주체성은 있었을 것이고, 그렇기에 이들을 피해자로만 그리다 보면, 그들 또한 사람으로서 복잡하고 다양한 면모를 가진다는 점을 빠뜨리기 쉽다.

그러나 필시 존재했을 그들의 역동적인 모습을, 가십으로 점철된 과거의 언론기사에서 찾아보기란 아쉽게도 불가능에 가깝다.

그들에 대한 기사 대부분이 좋아서 재현된 것이 아닌, 앞에서 보았듯 범죄 고발이나 희화화의 맥락으로 재현된 것이기 때문이다.

그중에서 드물게나마 그들의 목소리를 엿들을 수 있는 자료를 인용하며 글을 마무리하고자 한다. 1963년 2월 1일《조선일보》의 기사에서는 1월과 2월 사이 서울 시내에서 여장남자 셋이 경찰에 붙잡혔는데, 이들은 생활난 속에서 접대부 일을 했으며, 그들은 남자 상인, 미군 등과 연애 경험이 있었고, 자신을 "여자"라 생각한다고 밝혔다. 그들 중 한 사람에 대한 당시 기사를 아래와 같이 소개한다.

28일 밤 10시 30분쯤 서울 을지로 6가 한일은행 앞에서 실신해 넘어져 있는 여장한 중년남자가 순찰중인 경찰관에 발견되어 중앙의료원에 옮겨졌으나 의식을 회복하지 못한 채 실신상태로 신음하고 있다.

여주에 살며 이름이 김봉순(37)이라는 것만이 밝혀진 이 여장남자는 17년 전에 여자였으나 성전환 수술을 받고 남자가 됐으나 생계가 어려워 그 후에도 줄곧 여장을 하고 식모살이 등으로 그날그날을 살아왔다는 것인데 나흘 전에 여주를 떠나 서울에 왔으나 먹지 못해 길에 쓰러져있었던 것으로 알려졌다.

– 〈또 여장남자. 밤거리에 쓰러져 실신〉,《조선일보》1963. 1. 29.

지난 28일 밤 을지로 6가 한일은행 앞길에 쓰러졌던 김봉순金鳳淳

(37) 씨는 10년 전인 27세까지는 버젓한 여자였다. 그러다가 성전환 수술을 해서 남자가 됐지만 생활이 어려워 그 뒤에도 줄곧 여자행세를 해왔다는 것이다. 가난한 삶에 시달리다 못해 서울 거리를 방황하다 이날 밤 길거리에 쓰러졌다. 경찰은 '메디칼센터'에서 응급치료를 시키고 있는데 김씨는 "비록 성전환을 했지만 나는 여자다. 돈만 있으면 다시 그것을 잘라버리겠다"고 하면서 울부짖고 있다. 일가친척은 없이 혼자 떠돌아다닌다는 김 씨는 어떻게 세상을 살아가느냐고 한탄하면서 '루즈' 칠한 입술을 가느다랗게 떨었다.

– 〈거리의 화제 : 여장남자, 서울서만 보름동안 세명 발각〉,《조선일보》

1963. 2. 1,

이 두 기사에는 이상한 점이 있다. 이 사람은 두 기사 모두에서, ① 10(17)년 전까지 여자였고, ② 그때 "성전환 수술"을 해서 남자가 되었는데, ③ 그 후로도 줄곧 여장을 하고 살아왔고, 나아가 ④ "성전환을 했지만 나는 여자이며 돈만 있으면 그것을 잘라버리겠다"고 말하고 있다. 이 말을 액면 그대로 받아들이면, 김봉순 씨는 여자였다가 남성의 성기를 만드는 "성전환 수술"을 했고, 한데 그 후에도 무슨 이유에서인지 여자로 살았다가, 현재는 FTM(Female-to-Male) '성전환'으로 만든 성기를 다시 잘라버리고 싶다고 말하는 셈이 된다.

이는 여러모로 부자연스러운 이야기인데, 우선 ① 가난한 주인공이 MTF 수술보다 더 막대한 비용이 드는 FTM 성 재지정 수술비를 지불할 능력이 없었을 것으로 추측되고, ② 또 설사 그 수술을 했다 하더라도 금세 본인의 성별 정체성을 변심했다는 얘기가 되기 때문이다. 또한 ③ 기자의 오기라고 보기엔, 두 기사가 모두 같은 내용을 쓰고 있어 그렇게 보기도 어렵다. 과연 여기에 얽힌 사연의 전모는 무엇이었을까.

아마도 가장 실체에 근접하는 해답은 다음과 같을 것이다. ① 사실 김 씨는 오늘날의 기준으로 비수술 트랜스젠더 여성이었고, ② 자신의 남성기가 너무 싫었던 나머지 자신의 '남성'이 '성전환' 수술로 만들어진 것이라고 얘기하고는, ③ 자신이 정체화한 '여성'을 애초 태어났을 때의 성이라고 기자들에게 말했던 것이다.

만약 이 추측이 맞다면, 김 씨는 그런 거짓말을 통해 기자와 언론, 세상의 눈으로부터 자신의 성을 끝내 '사적'인 위치에 봉인하였던 셈이다. 여긴 내 곳이라고, 여기만은 들어오지 말라고, 시시덕거리는 투로 자신의 성정체성을 아귀같이 캐묻는 사회 앞에 거짓말로 자신을 지켰던 셈이다. 성은 모름지기 사적인 것이라고 누가 잘라 말한다 할 때, 이 사례는 성을 진정 '사적인' 것으로 향유할 바로 그 권리가, 과거에 얼마나 특정 계층에만 집요하게 독점되었는지를 드러내 주는 일화라 하겠다.

성에 대한 낙인에 도전하는 것

성에 얽힌 이슈들은 보통 논쟁 자체가 힘들다. 성폭력이 오랫동안 입에 오르지 않은 것, 성소수자의 인권이 뭔가 후순위 같아 보이는 것, 성병이 뭔가 개인의 방탕함에서 연유한 천벌로 여겨지는 것 등은 모두 성에 대한 뿌리 깊은 낙인과 관련이 있다. 더구나 그 낙인이 더더욱 기승을 부렸던 과거 속 비규범적 성애·성별 실천 당사자들은, 자신의 성적 실천을 타인의 눈이 아닌 자신의 눈으로 남기는 것이 지극히 어려웠다.

그런 그들을 주체로 들어올리는 것이 결국 힘들다면, 최소한 그들에게 쏟아졌던 낙인이라도 실증하는 것은 가능하지 않을까, 라는 착상을 통해 이 글이 탄생했다. 당대 여장남자들은 성판매 여성들과 함께 유흥업 현장에서 유사한 낙인을 공유했고, 이른바 '여성성'이 지정 성별 여성에게만 머물지 않는다는 젠더의 원의에 따라 성매매로 상징되는 여성성에 대한 억압은 여장남자에게도 부과되었다. 더불어 이들에 대한 낙인은 1950년대에 희화화되고 선정적인 형태에 더해, 1960년대부터는 근대화되고 과학화된 형태를 띠게 되었다. 소수자에 대한 편견과 소문이 과학적 지식의 안배를 받을 때, 그들에 대한 낙인은 더더욱 되물을 수 없는 것이 된다.

물론, 성은 어느 켠에는 끝내 개인적이고 사적인 것이다. 더불어 그 성이 정말로 온전히 사적인 것이 되기 위해, 앞에서 보았듯 이

제껏 돌아가야 했고, 또 앞으로 돌아가야 할 굽잇길들이 많다. 그 굽잇길을 돌아갈 때, 우리는 필연적으로 '사적'인 것으로 봉인해 두었던 그 성을 꺼내어 논쟁해야만 한다. 그것은 때로 고통스러운 과정이지만, 동시에 오래 잊힌 누군가의 고통어린 얼굴을 얼굴로서 맞닥뜨리는 과정이기도 하다. 글에서 내내 언급했던, 자신이 공개되길 원치 않았던 저 숱한 여장남자들처럼 말이다. *김대현

07

식민지기의
'옥바라지'와
현재의 우리

식민지시기와 지금으로 이어지는 옥바라지의 역사 속에서
알 수 있는 것은 우리가 "으르렁거리며" 저항했던
모든 순간들이 결국 옥바라지와 다르지 않다는 점일 것이다.

2017년 공개된 《한국사 국정 교과서(검토본)》의 식민지시기 서술에 대해 검인정 교과서 집필자였던 한 연구자는 "수탈과 저항으로만 채워져서 생활사나 문화사가 사라졌고, 1970년대 국정 교과서가 연상된다"고 평가했다. 이 평가는 '자유로운 역사 서술'을 추구하던 '역사교육의 역사' 속에서 검인정 교과서 자체가 하나의 성취였다는 점을 대변하는 동시에 그 성취 내용이 생활이나 문화와 같은 개념을 통해 나타나고 있음을 말해준다. 교과서라는 '제도' 안에서 역사 서술의 '자유로움'을 추구한다는 모순은 언젠가부터 연구자와 교육자의 딜레마이기도 했다. 생활이나 문화처럼 우리가 흔히 '삶'이라고 부르는 범주를 교과서에서 다루기 시작한 것은 이런 딜레마를 해결하기 위한 고민의 흔적이었을 것이다.

그런데 이 평가 자체를 지금까지와는 다르게 비틀어 보는 일이 필요할지도 모른다. 이를테면 저항은 일제의 수탈에만 대응하는 개념일까? 식민지시기의 저항은 몇몇 단체와 위인으로 대표되는 독립운동 말고 다룰 만한 게 없을까? 생활이나 문화가 우리 삶의 반영인 것처럼 저항 또한 삶의 다른 표현은 아닐까? 우리의 삶이 곧 생활이며 그 생활이 쌓여 문화가 만들어진다. 정치나 사회는 이 문화가 작동하는 무대에 자연스럽게 등장한다. 따로 떨어져 존재하는 것처럼 보였던 개념들이 사실은 이렇게 연결되어 있고 이것이 삶 자체라면, 저항—무언가 무거워 보이는 느낌과는 다르게—도 우리의 삶과 직접 관계를 맺고 있는 행위일 것이다. 우리가 '평범하게' 살고 있다고 느끼는 그 순간에도 저항은 우리의 삶과 언제나 '관계'를 맺고 있다.

이 '관계'를 고민하기 위해 이 글에서는 식민지기에 서대문형무소 주변에서 일어났던 옥바라지라는 행위를 다루었다. 옥바라지는 수감자와 사회의 관계를 끊어버리려는 통치권력에 맞서 수감자와 그 관계자들이 벌인 일상적인 저항행위로서, 감옥을 활용한 통치가 언제나 불안한 상태에 놓이도록 하는 효과를 낳았다. 이런 점에서 옥바라지는 "감옥에 대한 근본적인 저항"일 수 있었다.

'서대문형무소'와 '옥바라지 골목'이 마주보다

어떤 삶을 종합적으로 이야기하고자 할 때 그 시작점을 반드시 '법'에서 찾을 필요는 없지만 이 글에서는 일부러 그렇게 하고자 한다. 특정 공간의 의미를 찾는 데 '법'이 유용한 경우가 있기 때문이다. 필자는 적지 않은 사람들이 '옥바라지 골목'으로 기억하고 있는 공간을 일단 '서울시 종로구 무악동'이라는 법정 동명으로 바꿔 부르겠다. 무악동은 조선총독부가 경성부의 행정구역을 개편한 1914년부터 1975년까지 '현저동'(1936년부터 1946년까지는 현저정)이라는 행정구역에 포함되어 있었다. 다시 말해 무악동은 최소한 1975년 어느 시점까지는 법적으로 존재하지 않는 공간이었다.

약 60년에 걸쳐 현저동이라 불리던 구역이 어떤 계기로 분리되어 지금은 의주로를 사이에 두고 서대문구 현저동과 종로구 무악동으로 각각의 법정 동명을 부여받은 것이다. 그리고 현저동에는 '서대문형무소'의 옛 모습이 위풍당당하게 서 있는 반면에 바로 맞은편의 무악동 46번지 일대, 즉 '옥바라지 골목'은 이미 사라졌다. 지금 그곳에는 아파트 건설이 한창이다. 그간 거쳐왔던 시간이 얼마나 달랐는지, 하나의 권역이었던 두 공간은 어느새 이토록 뚜렷한 차이를 보인다.

법을 바탕으로 만들어진, 두 공간의 화려한 또는 처연한 현재의 모습을 어떻게 이해해야 할까? 여기서의 이해가 사실fact을 짚어 나가는 데 멈춰 있는 것은 아니다. 완벽하게 분리된 것처럼 보이는 두 공간을 어떻게 하면 섞을 수 있을지를 고민하고 싶은 것이다. 그러나 이런 바람을 실현하는 데 도움을 얻을 수 있는 식민지기 관련 연구는 "아무것도 없었다." 서대문형무소에 대한 연구는 많지만 옥바라지 골목 관련 연구는 전혀 관찰되지 않는 이 '전문가적 현상'은 그 자체로 매우 의미심장하다. 이 글을 통해 아주 조금은 이야기되기를 바라지만, 전문가들이 옥바라지 골목의 역사를 파편처럼 취급해왔다는 점은 법의 의도를 자기도 모르게 수용한 것과 비슷해 보인다. 그렇다고 해서 이 의도를 근저에서 뿌리칠 수 있는 전투력이 식민지기 연구에 넘쳐나는 것도 아니다. 지금의 필자로서는 이 글이 마무리되어갈 때 '법이 아닌 어떤 것'을 조금이라도 이야기해 놓았기를 조심스럽게 바라는 수밖에 없을 것 같다.

식민지 조선, 감옥이 되다

식민지기에 있었던 소소한 이야기들을 꺼내기 전에 옥바라지 골목이 어떤 의미를 가지는지를 말해두어야 할 것 같다. 여기에는 최소한 두 가지 의미가 있다. 일단 첫 번째로 생각할 것은 일제가 행정구역을 법적으로 확정할 때 의도했던 통치전략이 옥바라지를 하는 사람들로 인해 깨졌을 개연성이다. 이 개연성은 서대문형무소의 입지조건을 살펴봄으로써 보다 구체화된다. 지금 서대문형무소역사관 근처에 서서 주변을 빙 둘러봐도 '옛날 이곳은 이런 모습이었겠구나'를 쉽게 상상할 수 있다. 이러저러한 개발이 진행되기 전에 이곳은 인왕산과 안산, 무악재로 둘러싸인 허허벌판이었던 데다가 조선시대부터 북으로 가는 가장 큰 길과 동서를 잇는 큰 길의 교차지점이기도 했다. 저 멀리 산이 병풍처럼 펼쳐 있는 확 트인 벌판에 많은 사람들이 오가고 있고, 그 옆에 장대한 형무소가 우뚝 솟아 있는 장면을 상상하면 될 것이다.

근대에 들어 감옥은 '범죄자'를 사회로부터 격리하는 동시에 감옥 안에서 일어나는 일을 바깥사람들에게 공포로 각인시키는 기능을 수행했다. 일제의 입장에서 본다면 서대문형무소는 통치에 직접 저항하는 세력을 일반 사람들과 완전히 분리시킴으로써 민(民)과 통치자 간의 종속관계를 명확히 하는 데 일조해야 했다. 한일병합 전부터 격렬하게 이어졌던 항일운동과 1919년의 3·1운동을 계기로 '수감자'는 격증했다. 민의 저항이 증가하자 통치자의 불안감은 커졌다. 감옥이라는 건축물은 이런 통치자의 불안감을 희석시키거나 가능하다면 완전히 없애는 역할을 수행해야 했다. 1908년 경성감옥의 설치, 그리고 1923년 서대문형무소로의 개칭을 동반한 확장 공사 등에는 이런 사정이 있었을 것이다.

보다 명확하게 말한다면 서대문형무소는 일제의 통치 의도를 관철시킬 수 있는 장소로 당시로서는 매우 커다랗게 세워졌던 것

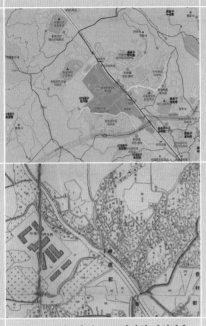

〈그림 1〉지금의 서대문구 현저동과
종로구 무악동(DAUM 지도).

〈그림 2〉대경성전도大京城全圖(1936)의
현저동(현저정) 일부.
1975년에 무악동이 종로구로 떨어져
편입될 때까지 두 지역은 현저동이라는
하나의 구역이었다.

〈그림 3〉1908년경의 경성감옥.
경성감옥은 당시 대한제국 경무고문이었던
마루야마丸山重俊가 "전 조선의 모범이
될 감옥"으로 설계했다고 알려져 있다.
이 감옥이 1923년 서대문형무소로 이름을
바꾸고, 기존의 목조건물과 외벽 등이
벽돌로 개축되면서 식민지 조선을
대표하는 감옥이 되었다.

〈그림 4〉서대문형무소.
1924년 5월에 촬영한 서대문형무소
전경이다. 우리는 맞은 편의
초가 지붕에도 주목해야 한다.

〈그림 3〉〈그림 4〉(조선치형협회朝鮮治刑協會,
《조선형무소사진첩朝鮮刑務所寫眞帖》, 1924).

이다. 이러한 통치 의도, 곧 '항일'의 움직임을 한 곳에 격리하고 민에게 공포감을 불러일으켜 '통치에 반대하면 안 되겠다'는 생각을 심으려는 그 의도는 어느 정도 효과를 거두기는 했다. 감옥에 갔다 온 조선인 중에는 "우리를 감옥에 넣어서 그러한 교육을 배우게 하신 당국자에게 무한히 감사한 뜻을 표하노라"고 말하는 이들이 생겼다.[1] 감옥 생활에 순응하여 현실로부터 도피하려던 사람도 있었다.[2] 통치권력은 이런 효과들을 토대로 사람들의 일상에 제동을 걸었다. 사람들이 '항일'이라는 마음을 품지 못하도록 감시하고 통제했다. 누구의 말마따나 "왜놈의 눈초리가 가는 곳마다 따라 다녀 바깥세상이 감옥인지, 감옥이 바깥세상인지 모를 지경"이었다.[3] 식민지 조선은 그 자체로 커다란 감옥이었다.

식민지기를 옥바라지하며 살다

그러나 형무소 안팎에서 일어나는 조선인들의 일상은 통치권력의 의도와 완전히 어긋나는 결과를 낳는 경우가 많았다. 그들의 일상은 형무소와 그 주변을 '외딴 곳'으로 만들지 않았다. 역설적이게도 통치권력이 식민지 조선인들을 순응시키기 위해 취했던 거의 모든 법적·제도적 조치들은 조선인들의 일상과 만나면 만날수록 모종의 불안을 야기했다. 사람들은 계속해서 형무소 주변에 모였고, 끊임없이 감옥과 관계를 맺고자 했다. 이런 관계 자체를 '옥바라지'라고 할 수 있을 것이다. 유의할 점은 이렇게 관계를 맺는 행위가 통치의 근저를 흔들었던 저항이기도 했다는 것이다. 수감자들의 '옥중투쟁'은 이 같은 옥바라지가 있어서 가능했을 것이다. 공포의 상징이 되어야 할 형무소 근처는 어느덧 저항의 거점이 되기 시작했다.

3·1운동 직후 서대문형무소에는 남편과 아내, 아들과 딸, 동료들에게 사식私食을 제공하려는 사람들이 아침, 점심, 저녁으로 몰려들었다. "끼니때가 되면 벤또(도시락)가 산같이 쌓이는" 장면이 날마다 연출되었다.[4] 그러자 사식이나 의복을 파는 가게들, 다시 말해 "형무소 사식 차입소, 감옥 밥 파는 집, 형무소 피고인 차입소, 변당 차입소 간판들이 지붕을 디디며"[5] 하나둘 생겨나기 시작했다. 또한 면회 신청에 필요한 서류를 대신 작성해주는 대서소代書所가 들어서고, 이들이 잠시 묵어야 할 작은 여관들도 간판을 내걸었다. 출감 조짐이 조금이라도 보이면 형무소 주변은 갑자기 사람들로 시끌벅적해졌다. 옥바라지를 하는 가족과 동지들이 그곳 마을 사람들과 연결되는 경우도 생겼다. 이는 일제의 의도를 밑바닥에서부터 깨뜨리는 일종의 전투였고, 또한 승리에 가까웠다. 요즘 유행하는 표현을 빌리면 일제는 '의문의 1패'를 당했던 것이다.

일제는 1912년에 〈조선감옥령朝鮮監獄令〉을 만들었다. 그리고 이를 바탕으로 일본의 〈감옥법監獄法〉을 조선에 적용했다. 두 법에는 옥바라지에 대한 규정이 조금 있다. 예를 들어 〈조선감옥령〉에는 "재감자에게는 양식의 자변自弁(자기가 부담하는 것)을 허락할 수 있다"(제5조)는 규정이 있으며, 그 〈시행규칙〉에서도 의류나 침구의 자변 규정을 찾을 수 있다. 이는 감옥법도 비슷하다. 그러나 "형사 피고인이나 노역장 유치 언도를 받은 자의 의류와 침구는 자변으로 한다"(《감옥법》제33조)는 규정이 분명하게 보여주듯이 통치자에게 옥바라지는 수감 생활의 책임을 수감자 개인에게 지우는 것에 불과했다. 이는 시설 자체의 열악함, 강압적인 통제와 겹치면서 수감자 본인을 매우 괴롭게 했을 것이다. 이 때문에 수감자들은 가족과 지인들에게 미안해하거나 그들을 위로하면서도 옥바라지 부탁을 그만두기 힘들어 했다. 3·1운동으로 서대문형무소에 갇힌 어떤 사람이 딸에게 보낸 편지글, "내가 출옥하는 날까지 너의 어머니는 …… 어느 곳이든 바람이나 쏘이고 구경이나 하길 바란다. 차차 할 수 있는 대로 돈 일 원만 더 들여보내주길 바란다"와 같은 내용은 꽤 인상적이다.[6]

옥바라지하는 삶도 충분히 괴로웠다. 총독부에 폭탄을 던지려 했다는 혐의로 서대문형무소에 수감된 밀양 출신의 '범죄자'를 위해 "70세에 가까운 모친과 그의 부인"이 "경성에 올라와서 사식을 들여보내고 있으나 …… 걸식을 한다"는 기사는 식민지기 옥바라지의 고됨을 보여준다.[7] 1919년에 사이토 마코토齋藤實 총독에게 폭탄을 던져 사형당한 강우규姜宇奎도 서대문형무소 수감 시절에 자신을 옥바라지하는 가족의 삶이 어떤지 다음과 같이 고백한 적이 있다.

〈그림 5〉 서대문형무소 앞에 모인 사람들(조선일보, 1927. 2. 8).
1927년 2월, 조선에 은사령恩赦令이 적용되었다.
은사령은 그 이름이 보여주듯이 식민지
조선인들이 '천황의 은혜'를 느끼도록 수감자를
'용서'하여 특별히 석방하도록 한 조치였다.
이는 분명 조선인들을 통치에 순응시키기 위한
목적이었지만, 각양각색의 사람들이
형무소 앞으로 몰려오게 해 예기치
않은 불안을 낳기도 했다.

동생들과 누이를 합해 세 사람이 서대문감옥 앞 현저동 29번지 윤홍식 집에 간신히 방 두 칸을 빌려서 함께 살고 있는데, 아무리 조밥을 먹더라도 한 달에 3, 40원은 있어야 하겠으며 사식을 들이는 데에 적어도 8, 90원가량은 있어야 하겠는데, 덕천 큰집에서도 그동안 적지 않은 돈을 가져왔으므로 지금은 더 가져오라고 해도 가져올 돈이 없고, 밭뙈기와 논마지기 있는 것을 팔고 오려 해도 가지도 못하게 될 것이고, 금융이 핍박하여 실로 어렵습니다.

– 〈아 暗黑한 死의 手! 아 참혹한 飢의 鬼! 姜宇奎의 末路〉, 《동아일보》
1920. 8. 11.

그런데 중요한 것은 이토록 미안함과 괴로움이 중첩되어 있었음에도 그네들은 옥바라지 주고받기를 결코 멈추지 않았다는 점이다. 오히려 밖에 있는 사람들은 "없는 살림살이에 …… 변변치 않은 세간을 팔아가면서 반찬 한 가지라도 정성껏 해서" 옥바라지를 수행했다.[8] 그리고 감옥 안에 있는 이들은 "사식이나 의복이나 수건, 비누, 치약, 칫솔, 서책 등을 들여보내주지 않았거나 혹은 못했다면, 배고프거나 추워서보다 신세가 서러워서 못 살았었을 것"이라면서 옥바라지에 고마워했다.[9]

일제가 옥바라지에 법을 덧씌우면서 당시의 '범죄', 다시 말해 '저항'을 사회로부터 격리시키고자 할 때, 수감자와 동료들은 서로가 평상시 맺었던 관계를 절대 포기하지 않았던 것이다. 감옥이 사회의 진짜 모습과 동떨어진 방식으로 수감자를 교정矯正하면서 그들을 통치에 순응하는 인간으로 만들고자 했다면, 옥바라지는 수감자들이 누리던 원래의 일상을 지키기 위해 싸웠다. 예를 들어 일제가 수감자의 식기를 사기그릇에서 나무그릇으로 바꾸려고 했을 때의 분노처럼 말이다.

목판 귀퉁이에 반찬을 담아 들여보낸다니, 국물 있는 반찬을 좀 먹어야 살지 않겠습니까? 또 그 목기로 말하면 도무지 냄새가 나서 잠깐만 맡아도 욕지거리가 나니 어떻게 먹을 수 있습니까? …… 옥중에 계신 어른도 그나마 들여보내는 것을 그만두라고 (하신 적이) 있습니다. 그래서 들여보내는 진지나 잘 잡수시면 내가 어떤 짓을 해서라도 차입은 멈추지 않을 거라고 했더니 그 후부터 잘 받아 잡수시기는 합니다만, 이렇게 되면 그나마 어디 마음대로 할 수 있습니까?

– 〈監獄食器變更問題 理由를 不可解〉, 《동아일보》 1920. 5. 27.

이러한 소소한 경험의 축적은 무엇을 의미할까? 앞서 보았듯이 수감자의 증가는 곧 옥바라지의 증가로 이어졌다. 이것이 초래할 불안을 예감했는지, 전옥典獄(현재의 교도소장)들은 "질병 등의 어쩔 수 없는 경우를 제외하고 옥바라지를 금지해야 한다"고 주장하기도 했다.[10] 그러나 어느새 옥바라지를 주고받는 행위가 일상처럼 자연스러워지면서 사람들은 자신의 행위가 '범죄'가 아님을 수시로 되물을 수 있었다. 일제는 자신이 만든 법이 어느 순간 저항의 도구로 활용될 수 있다는 것을 상상할 수 없었다. 반면 사람들은 옥바라지를 통해 감옥이 강요했던 합법–불법의 테두리를 거리낌 없이 종횡하면서 자신의 일상과 저항 사이에 다리를 놓았다. 한때 감옥은 "큰 소리로 독립운동 연설을 하는 자"나 "박수로 이에 공명하는 자" 때문에 "도저히 비할 바" 없이 "혼잡"한 곳이었다.[11] 일제는 이런 종류의 혼잡함을 정리함으로써 "경찰서, 감옥소"를 "무서운 물건"[12]으로 인식하게 하는 데는 성공했을지 몰라도 일상과 저항을 연결시키는 옥바라지 효과는 전혀 예상하지 못했던 것이다.

지금을 옥바라지하며 살다

해방을 맞이하고 서대문형무소가 '대한민국'의 역사가 된 후에도 옥바라지의 의미는 그다지 변하지 않았다. 앞에서 서대문형무소와 옥바라지 골목의 공간적 변화가 지니는 첫 번째 의미를 식민지기의 이야기들에 끼워 맞췄는데, 사실 이는 오늘날에 적용해도 마찬가지다. 서대문형무소가 서울교도소, 서울구치소로 이름을 바꾸고 민주화를 위한 새로운 '범죄'를 '탄압'하는 과정에는 옥바라지에 대한 방해도 포함되어 있었다. 어느 수감자의 아내는 서울구치소의 옥바라지 규정에 대해 "영치물 차입은 많은 가족들을 속상하게 하는 악마들의 규정이 있어 까다롭습니다"라고 쓰기도 했다.[13]

아직 언급하지 않은 한 가지 의미를 다루기 위해 한때 이 골목에서 일어났던 운동을 정리하고자 한다. 서울시와 종로구가 이 골목을 밀고 아파트를 세우려는 법적 절차를 밟자 이에 반대하는 주민과 예술가, 정치인, 연구자, 활동가의 연대가 이루어졌다. '옥바라지골목보존대책위원회'라고 스스로를 부른 이들은, 누가 시킨 것도 아닌데 용역들이 활개 치는 공간의 한 구석을 지키면서 사진전이나 음악회를 열고, 기자회견을 가지며, 답사를 하고, 언론에 글을 기고하거나 간담회, 토론회 등의 프로그램을 마련하면서 이곳으로 사람들을 불러모으곤 했다.

지금 서대문형무소는 일종의 '기념관'으로 바뀌었다. 옥바라지골목에 옛날처럼 옥바라지를 하러 사람들이 올 리도 없다.그럼에도 이들은 어째서 이토록 역동적으로 싸웠던 것일까? 그것은 아마 옥바라지 골목에 '우리'가 지금까지 행한 저항의 기억들이 그대로 담겨져 있음을 인지했기 때문일 것이다.

서대문형무소처럼 하나의 기념관으로 국가에 의해 보존되지 않고 있다는 것은 오히려 옥바라지 골목이 가졌던 진짜 의미를 되새길 수 있는 열쇠가 된다. 저항의 경험을 유산처럼 이어받아 체화하는 과정은 기념이 아니라 기억에 있기 때문이다. 그 기억들은 철거명령을 내린 뒤에도 '골목길 관광코스'란 이름하에 '서대문형무소 옥바라지 아낙들의 임시기거 100년 여관골목'을 소개하는 행정기관의 홈페이지처럼 차갑지 않다.[14] 더구나 아직 사람이 살고 있는데 수도관과 가스관을 뜯는 용역처럼 잔인하지도 않다. 행정 집행이 이루어졌던 날에 골목에 머물던 사람들을 끌어내던 사람들처럼 폭력적이지도 않다. 이곳의 기억들은, 그것을 계승하려는 사람들로 인해 새로운 형태와 내용을 지닌 저항으로 상상될 수 있었다.

이쯤에서 두 개의 말을 연속해서 들어보자. 하나는 식민지기, 서대문형무소에 수감된 적이 있던 이봉수李鳳洙란 사람이 생각한 감옥이다. 다른 하나는 대한민국 시기, 민주화운동 때문에 억울하게 구속된 남편이 대법원에서 유죄 확정 판결을 받은 후에 그 부인이 쓴 감상이다. 이 남편은 서울구치소에 수감되었다.

여하간 나는 때때로 벽이라도 박차고 나갈 생각이 불붙듯 나다가도 …… 또 잡혀 갈 근심 있는 세상에 있다가 이 이상 더 잡혀 갈 데가 없다고 생각하면 생각할수록 우습다. 그러기에 어떤 날 밤에는 형사한테 잡혀서 경찰서 문전에 이르렀다가 눈을 번쩍 뜨면 숨이 하나오는 때가 있었다.
– 〈獄中生活 (15)〉,《동아일보》1930. 10. 22.

심장이 떨고/ 숨이 가파르다/ 무엇이 두려우냐/ 온몸 떨며/
모든 기운이 땅 속으로/ 빨려 가는데/ 흐릿한 시야에/
졸리운 판사의 목소리/ 언제나/ 정해질까 기다려보아도/
결국/ 남는 건/ 또 다른 감옥이다.
– 강명순,《양심범의 아내가 쓴 눈물의 수기》(1978. 4. 17), 25번째 이미지.

〈그림 6〉 철거되는 옥바라지 골목.

〈그림 7〉 옥바라지골목보존대책위원회의 활동들.
이 위원회는 2016년 9월에 옥바라지골목문화
역사연구단으로 이름을 바꾸고,
지금도 활동을 계속하고 있다.

이봉수에게 세상과 감옥은 "또 잡혀 갈 근심 있는" 공간과 "이 이상 더 잡혀 갈 데가 없는" 공간의 관계이기도 했다. 두 번째 글의 부인은 "결국 남는 건 또 다른 감옥"이라고 했다. 이미 감옥과 세상의 경계가 없어진 상황은 존재했었고, 그것은 지금도 마찬가지다. 이것으로 무엇을 이야기할 수 있을까? 결국 우리는 옥바라지를 주고받는 관계에 놓여 있는 것은 아닐까?

프랑스 철학자 미셸 푸코는 《감시와 처벌》에서 감옥에 대해 '홀로 존재하는 것이 아니라 권력을 행사하는 일련의 다른 감옥 장치들 전체와 연결되어 있다'고 했다. 그리고 이렇게 권력지향적인 다양한 장치들 틈에서 "으르렁거리며 싸우는 소리를 들어야 한다"고 썼다. 소설가 박완서는 《조그만 체험기》에서 서대문구치소에 수감된 남편을 옥바라지하는 와중에 자신의 일상이 다양한 권력들에 얽매여 있음을 비로소 깨달았다. 그래서 "우선 간장종지처럼 작고 소박한 자유, 억울하지 않을 자유부터 골라잡고 볼 것 같다"고 다짐하는데, 이는 권력들의 자장에서 벗어나는 길이 어디에서 출발하는지 보여준다. 박완서는 자신의 일상을 얽맨 권력의 존재를 깨닫고 나서 그것을 향해 "으르렁"거리기 시작했다. 결국 세상을 감옥처럼 만드는 여러 방식의 통치 속에서 그것들과 싸우는 존재들을 확인하는 것이 필요하다. 식민지기와 지금으로 이어지는 옥바라지의 역사 속에서 알 수 있는 것은 우리가 "으르렁거리며" 저항했던 모든 순간들이 결국 옥바라지와 다르지 않다는 점일 것이다. *전영욱

08

'미신'이
된 무속

무속을 어떻게 바라봐야 할지 정한 것은 역사 속
여러 권력들이었다. 어떤 권력들은 무속을 망령된 '미신'으로 금기시했고,
또 어떤 권력은 무속을 '전통문화'로 규정했다.

2016년 봄, 화제가 된 영화 〈귀향〉(조정래, 2015)에는 일본군 '위안
부' 피해자들의 한을 풀기 위한 굿이 등장한다. 굿은 현재와 과거
를 이어주는 매개이자 희생자의 넋을 기리는 장치다. 타지에서 죽
은 피해자들의 영령은 굿을 통해 고향땅에 불려온다. 〈귀향〉은
2015년 12월 28일 한·일 정부 간에 이뤄졌던 일본군 '위안부' 관
련 '합의'가 논란이 되는 상황에서 개봉했고, 350만 명이 넘는 관

객이 이 영화를 관람했다.

〈귀향〉이 아니라도 무속은 근현대 한국사의 '고통'을 풀어내는데 자주 등장했다. 특히 정부가 공식적인 애도를 허락하지 않았던 국가폭력의 희생자들에 대해, 굿은 고통과 한을 풀어내는 장치로 이용되곤 한다. 그런데 굿이 민중의 고통을 풀어내는 상징적 이미지를 갖게 된 지는 얼마 되지 않았다. 무속행위는 권력이 자행하거나 외면해온 고통을 풀어내는 상징적 행사로서는 긍정되지만, 현실에서는 '미신행위'로 치부되는 경우가 많다.

이러한 무속에 대한 이중기준은 어디에서 기원한 것일까? 무속은 아주 오래전부터 사람들 사이에서 이어져 내려왔지만, 그에 대한 현재 우리의 태도는 근현대의 역사적 경험에서 비롯되었다. 무속은 '미신'이라는 이름으로 비판 대상이 되는 동시에 '전통'으로 명명되었던 것이다.

무속巫俗, '미신' 혹은 '전통'의 이름으로

역사교과서에는 고대의 제천행사나 고려시대 팔관회 풍습에서 기복신앙이 언급된다. 무속신앙 또한 전통적인 한국의 고유 신앙으로 서술된다. 그러나 이는 과거의 것으로서 현대의 여타 종교와는 차원이 다른 '미신'으로 여겨진다. 지나간 것일 뿐, '발전'한 세상에는 어울리지 않는 행위인 것이다. 여기서 한국사는 과거로부터

합리적인 '발전'을 거듭하여 현재의 대한민국에 이른 것으로 서술되고 있다. 역사 발전의 기준에 부합하지 않는 요소는 과거의 것, 청산해야 할 폐습이 된다.

무속신앙 같은 행위는 이러한 기준에 따라 숨겨야 하는 허무맹랑한 것으로 가치평가된다. 한 예로 무속행위에 기대는 정치인은 한국사회에서 그 자체로 지탄의 대상이다. 그런 것은 '올바르지 않은' 믿음으로 여겨진다. 그러나 사회적으로 인정받는 '올바른' 종교의 지도자들을 만나 의견을 구하는 것은 장려된다. 왜 이러한 태도가 생겨난 것일까? 합리적이고 올바른 믿음과 비합리적이고 그릇된 믿음의 기준을 정하는 것은 무엇인가?

무속에 대한 현재의 인식은 역사의 산물이고, 지금도 변하는 과정 속에 있다. 근대에 이르러 무속행위는 '미신'이라는 이름으로 비판 대상이 되었다. 동시에, 무속은 '전통'이라는 이름으로도 불리게 되었다. 필요에 따라 다른 꼬리표를 달고 우리 주변에 있는 무속이라는 믿음의 내력을 추적해보자.

올바른 믿음과 올바르지 않은 믿음의 역사

'미신迷信'은 '미혹하다'라는 '미迷'와 믿음을 의미하는 '신信'의 조합어다. 국립국어원 사전에 따르면 미신은 "비과학적이고 종교적으로 망령되다고 판단되는 신앙"이다. "점복, 굿, 금기 따위"가 그

예시다. 점복과 굿, 즉 무속행위는 '망령되다'고 여기서 평가되고 있다.

무속이 망령된 믿음으로 비판된 것은 언제부터였을까? 조선시대부터 무속행위는 '음사淫祀'로 규정되어 비판받았다. 유교 경전 중 《예기》는 '음사'를 다음과 같이 규정한다. "제사 지낼 곳이 아닌데 그곳에 제사하는 것을 음사라 한다非其所祭而祭之名日淫祀." 조선왕조의 유학자들은 유교적 제사를 제외한 제사행위를 부정한 것으로 간주했다. '숭유억불'의 나라, 조선의 유학자들에게 무속은 불교와 함께 '그릇된 믿음'이었다. 무당이 서울 안에 거주하는 것, 무당이 행하는 의례는 조선시대 한양에서 '법적으로' 용인되지 않았다.

그러나 굿판은 계속해서 이어졌다. 《조선왕조실록》에는 무속행위를 금지한 내용이 계속 등장한다. 성종은 음사를 금지하는 명령을 거듭 내렸고 중종은 서울에 출입하는 무당을 처벌하는 법령을 내렸다. 금지령이 꾸준했다는 것은 그만큼 이 '그릇된 믿음'이 지속되었다는 이야기이기도 하다. 유학자들의 공격에도 불구하고 무속은 살아남아 사람들 속에서 신앙으로 자리 잡았다.

조선 왕조가 망한 후 일제 식민치하에서 무속은 "미신"이 된다. 이제 정통성은 유학이 아니라 '근대적 문명'에 있었다. 시대의 변화에 따라 올바름을 구성하는 논리가 바뀌었을 뿐, '정正'과 '사邪'를 나누는 행위 자체는 지속되었다. 올바른 근대적 문명의 기준에서, 무속을 비롯한 민간신앙은 곧 '야만'으로 치부되었다. 무당은 무지한 사람들을 혹세무민하는 존재였다.

조선총독부는 통감부 시기의 〈경찰범처벌령〉(1908)을 강화하여 1912년 〈경찰범처벌규칙〉을 만들었다. 여기에는 무속행위에 대한 처벌조항이 있다. '망령되게 길흉화복을 설하거나 기도, 부적으로 사람을 현혹시킬 수 있는 행위를 하는 자'와, '병자에 대해 기도, 부적 또는 정신요법으로 의료를 방해하는 자'는 구류 또는 벌금에 처해졌다. 일제가 조선을 식민지화하면서 내세운 논리가 '문명화' 였으니, 문명에 반하는 야만적 무속행위는 악습으로 규정되었던 것이다.

일제의 통제정책과 조선 지식인들의 미신타파운동

3·1운동 이후 이른바 '문화통치' 하에서 일제의 정책은 변화한다. 이는 무속을 포괄한 종교정책의 변화였다. 원래 조선총독부는 일본에서 건너온 신도와 불교, 기독교만을 '종교'로 인정했다. 다른 신앙은 '유사종교類似宗教' 라 지칭하며 경찰의 감시 및 단속 대상으로 삼았다. 1920년대 당국은 여러 '유사종교' 들을 배제와 단속보다는 관리와 통제 대상으로 삼으려 했다. 그 결과 수많은 신종교들이 밝은 세상에 등장했다. 그중에는 무당들의 종교단체도 있었다.

1920년대 등장한 무속신앙단체는 한둘이 아니었지만, 그중 세간의 이목을 끈 것은 가장 먼저 생겼고 가장 큰 규모를 자랑한 '숭

〈그림 1〉
2013년 서울시청광장에서
열린 일본군 '위안부' 피해자
해원진혼굿 장면.
(사진: 개인소장).

〈그림 2〉 굿판을 벌이는
무당의 모습.

신인조합'이었다. 숭신인조합은 무속행위의 풍속을 개선하고 타락한 무속을 교정하며 무속업의 안정을 도모한다는 목적을 내세웠다. 숭신인조합에 가입한 무당들은 회비를 내는 대가로 일제의 단속에서 벗어날 수 있었다. 즉, 단속을 피할 수 있는 보호막이 되었던 것이다.

　동시에 1920년대는 조선인들에게 한정적인 '언론의 자유'가 허용된 시기이기도 했다. 새로 창간된 신문과 잡지에서 지식인들은 하나같이 미신 타파를 외쳤다. 지식인들은 사주·복술·관상·손금 등 수많은 미신이 조선사회의 원수라고 비판했다. 조선이 깨어나기 위해서, 새로운 조선을 건설하기 위해서 미신은 척결되어야 했다. 미신 타파를 위한 선결 공격 대상이 무속이었다. 게다가 무속단체로 등장한 숭신인조합은 일본인 고미네小峯源作가 경성의 무녀들을 규합하여 만들어진 단체라, 언론은 더더욱 과격하게 무속단체를 공격했다. "소위 숭신인조합이란 것이 생기어 조선 각지에는 무녀와 장님들이 다시 기운을 펴고 굿을 하며 경을 읽게 되어 몽매한 사람들을 유혹"한다면서 "시대를 역행한다 하여도 분수가 있지 20세기 오늘날에 무녀·복술卜術이 부흥한다 함은 실로 기기괴괴한 일"이라는 비판이었다.[1] "나다 못하여 숭신인조합이라 하는 무당교"까지 나타나 "야심으로써 민중의 미신을 이용하야 자기의 사욕을 채우고자 하는" '도둑의 무리'가 활보한다고 지목되었다.[2] 예를 들어 당시 서울의 상황은 다음과 같이 묘사되었다.

미신—미신하여도 경성처럼 미신 많은 곳은 없다. 귀신 많기로는 강원도 영동이 유명하지만은 귀신도 영동보다 몇 곱절이 많고, 굿 잘 하기로는 개성이 굴지하는 곳이지만 경성은 그보다 몇 백 배다. 숭신인조합의 근거도 경성에 있고 맹자盲者의 도가都家*도 경성에 있다. 관왕묘**도 5개소가 있고 전내奠乃집***도 몇 호인지 알 수 업다. 국사당***의 장고 소리는 사시로 그칠 날이 업고 노량진****의 굿 구경꾼은 주야에 락역불절絡繹不絕한다(《개벽》 제48호, 1924. 6.).

* 맹자盲者의 도가都家: 당시 시각장애인(맹인) 점복업자들도 단체를 결성했다.
** 관왕묘: 관우를 신으로 모신 묘다. 관우신앙은 중국에서 들어와 당시 크게 성행했다. 현재 서울 동대문구 신설동에 동관왕묘(동묘), 용산구 후암동에 남관왕묘가 남아 있다.
*** 전내奠乃: 정감록 신앙을 가리킨다.
**** 국사당: 남산 팔각정 자리에 있던 굿당으로 조선 태조 이성계와 무학대사 등을 모신다. 일제의 조선신궁 건설과 함께 인왕산으로 옮겨졌다.
***** 노량진: 서울의 사대문 안에는 무당이 거주할 수 없었으므로 무당의 집단거주지 중 하나였다.

흔히 근대문명의 상징으로 여겨지는 도시, 조선의 중심 서울에도 무당이 가득차 있다며 이를 비판하는 기사다. 이런 기사의 필자를 비롯해 다양한 조선 지식인들이 미신 타파를 외쳤다. 기독교인은 물론이거니와, 기독교·불교·신도만 종교로 인정한 조선총독부 정책 아래에서 '유사종교' 취급을 받았던 천도교인들도 미신을 공격했다. 이는 어찌보면 종교와 종교 아닌 것을 구분한 일제

당국과 유사한 방식이기도 했으니, '올바른 믿음'를 자처하고 '올바르지 않은 믿음'을 비판한 것이다. 좌우 진영도 상관이 없었다. 사회주의자들은 농민과 노동자를 눈멀게 하는 미신을 규탄했다. 미신은 가산을 탕진하게 하는 적이었고, 인민의 아편이자 역사 발전을 저해하는 시대의 원수였다. 조선의 지식인들이 오히려 식민지 당국에 무속에 대한 단속이 부족하다고 불평할 정도였다. 즉, '미신타파'는 문명화를 내세운 일제 식민권력과 신문화 건설을 꿈꾼 식민지 조선의 지식인들이 공유한 슬로건이었다.

일상에서 분리된 무속

이처럼 '근대 문명의 합리성'이라는 이름으로, 무속을 '미신'으로 만드는 여러 합동전선이 작동했다. 1930년대 들어서 총독부는 신사 확충정책을 펴면서 무속을 통제하는 법규를 강화했다. 당시 총독부는 조선의 하층민은 무당에 의지하고 미신의 질곡에 신음하고 있다고 분석했다. 이를 극복하고 조선인들을 국가신도에 적극 편입시키고자 했던 것이 조선총독부의 심전心田개발운동이었다. 농촌진흥운동의 일환으로 전개된 심전개발운동은 조선인에게 국가신도에 대한 신앙심을 심는 것을 목표로 했다. 일제의 파시즘이 강화되고, 만주사변에 이어 중일전쟁이 발발해 전시체제기로 이행해가는 와중에, 조선인을 일본제국의 '국민'으로 만들어가는 정책의 시작이었다.

무속은 일본의 신사신앙을 조선에 이식하는 활용 대상으로 고려되기도 했고, 조선사회의 전반적인 후진성과 원시성의 표상으로 연구되기도 했다. 경성제국대학 교수 아키바 다카시秋葉隆는 조선 무속의 특징으로 '농촌성'을 강조했다. 농촌은 정체되고 무력한 모습으로 그려졌고, 이는 대부분 인구가 농민인 조선사회의 특성인 것으로 나아갔다. 한편 또 다른 '후진성'의 표상으로 꼽힌 특성은 무속의 '여성성'이었다. 무당은 신어머니에게서 신딸로 계승되고, 기원 내용도 주로 여성과 관련되어 있으므로 무속은 '여성적' 종교로 볼 수 있다는 것이다.

흥미로운 것은 무속을 여성과 연관시킨 것은 조선의 남성지식인들도 마찬가지였다는 점이다. 이에 따르면 미신적 무속신앙은 '무지한 부녀자들의 그늘 아래' 서식했다. "여러분의 집에도 복술과 무당을 들입니까. 당신이 직접은 안 들이더라도 당신의 할머니와 어머니는 들일 것입니다. 그러나 여러분 제발 들이지 마십시오. 오거들랑 발길로 꽁무니를 차 내던지십시오"[3]라고 호소하거나, "무당, 판수, 기도, 모든 것이 가정부녀 사이에 꺾기 어려운 힘으로 발흥하는 것은 여성들에게 과학적 지식이 부족한 까닭"[4]이라는 분석이 언론에 실려, 여성과 무속에 대한 '혐오'가 함께 작동하는 것을 볼 수 있다.

언론은 "약자적 지위에 있게 되기 때문에 여성에게는 미신 숭배성이 부지중 더 많게 되는 까닭이 아닌가 생각된다"라고 하여, 조선의 여성 "거의 전부가 미신을 숭배"[5]하는 실태를 분석했다. 성별을 넘어서 하층민이 유독 미신에 빠진 것도 마찬가지로 분석되었다. 그러나 근본적으로 조선의 하층민은 미신에 빠지기 전에 생활난에 빠져 있었다. 인간의 기본적인 권리조차 보장받지 못했다. 1930년대 초 조선에서 인구의 약 78퍼센트, 여성의 경우 약 92퍼센트가 문맹이었던 상황도 상기할 수 있다.

무속이 조선의 후진적 약자들과 함께한다고 분석되었지만, '약자'가 미신의 질곡에 빠지게 하는 경제모순이나 구조를 비판하거나, 약자를 약자이게 하는 상황을 어떻게 바꿀 것인가에 대한 구체적 실행은 현실에서 등장할 수 없었다. 무속에 대한 정책은 교화나 교육이 아니라 주로 통제에 초점을 맞추었다. 무속행사를 실내에서만 하도록 하거나, 마을 단위의 굿은 반드시 허가를 받도록 하고, 긴 시간 동안 기도하는 것을 금하며 밤 11시까지만 허용하는 등의 통제방침이 시행되었다. 이러한 통제와 지속적인 계몽담론에 의해 무속의례는 점차 일상의 영역에서 분리되었다.

무속에 대한 부정적인 담론이 지속되고, 일상에서 무속을 밀어내는 규제가 일반화되면서 일상적인 무의식의 영역에 깊이 스며들어 있던 믿음은 점차 허용되지 않는 것, 어딘가 꺼림칙한 것이 되었다. 소소한, 그렇지만 결코 개인에게 사소하다고는 할 수 없는 기원행위로서 무속을 비롯한 민간신앙은 지속되었다. 무지하고 약한 식민지 조선인들의 불온한 '미신숭배'는 통제에도 불구하고 질기고 강하게 이어졌다. 그러나 그것은 동시에 부끄러워야 마

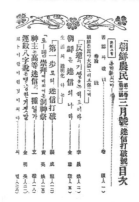

〈그림 3〉《조선농민》 1926년 3월호 표지와 목차.
'미신 타파 호'라는 부제가 선명하다.
《조선농민》은 천도교 청년당이 주도한 조선농민사에서
발간된 잡지로, 조선 인구의 대다수인 농민의
인격적 해방과 농촌의 구제, 지식적 각성을 촉구했다.

〈그림 4〉서낭목에서 기원하는 여인.
서낭은 일반적으로 마을의 수호신인
성황신을 가리킨다.

땅한 것, 숨겨야 하는 그릇된 믿음이 되었다.

박제된 '전통'과 금기시된 '미신'

근대적 '미신타파'의 외침은 해방 이후에도 이어졌다. 새마을운동에서 무속을 비롯한 민속신앙은 타파 대상이 되었다. 그런데 민속신앙은 타파 대상인 동시에 1962년 처음 공포된 문화재보호법에 기초하여 보호받아야 마땅한 문화유산으로 지정되기도 했다. 무속에 '보호'와 '타파'라는 이중기준이 적용된 것이다.

　역사교과서에서도 이러한 이중기준이 발견된다. 무속을 비롯한 샤머니즘은 한국의 전통으로 인정받고 보호되어야 할 대상이다. 그러나 이는 현실과는 동떨어진 박제된 전통이다. 무속을 국가적 폭력의 '피해자'들을 위무하는 행위로서 수용하고, 역사콘텐츠의 서사로 이용하는 것은 무속을 우리의 전통문화로 보기 때문이다. 그러나 무속은 전통문화로는 인정받아도 믿음으로는 인정받지 못한다. 전통이란 현재의 눈으로 취사선택된 역사적 결과물이다. 현대에 들어와, 무속은 민중을 통해 전승되며 지배적인 질서와 대립적 혹은 상호보완적 관계에 있는 전통으로 인식되었다. 무속은 한국적인 것, 민족적인 것, 나아가 민중적인 것으로 재창출되어왔다. 무속을 '미신'일 뿐 종교로 인정하지 않고 '전통'으로 박제하는 뿌리 깊은 이중적 담론 속에서, 굿의 초자연적 '해원解冤'을 피해를 위로하는 문화적 상징으로만 내세우는 것은, 오히려 국가나 권력의 이름으로 이뤄지는 폭력 앞에서 현실의 무력함을 더욱 부각시킨다.

그러나 권력의 각축 속에서 이 믿음은 끈질기게 살아남았다. 지금도 사람들은 사주나 점을 보고, 굿을 하기도 한다. 주변의 변두리 골목에, 신문광고와 인터넷 사이트 곳곳에, 무속의 풍경은 여전히 '우리'의 일상 곁에 있다. 그런 무속을 어떻게 바라봐야 할지 정한 것은 역사 속 여러 권력들이었다. 어떤 권력들은 무속을 망령된 '미신'으로 금기시했고, 또 어떤 권력은 무속을 '전통문화'로 규정했다. 물론 무속이 권력에 의해 수동적으로 규정되기만 한 것은 아니다. 무속 행위자들은 정책과 담론에 따라 저항하기도 하고 협력하기도 했다. 또한 권력이 무속에 대해 단순히 강제력을 행사하기만 한 것도 아니다. 때로는 사회 구조 속의 일부로 끌어들이기도 했고 때로는 회유를 진행하기도 했다. 무속은 그런 힘들의 각축 속에서 또다른 힘을 지니고 존재해왔다. 그러한 권력의 작동 과정과 금기시된 모든 것이 역사의 분석 대상일 것이다.   *장원아

09

금기를 깨다!
신라 왕실의
근친혼

김 씨계는 예외적이라 할 수 있는 근친혼을 행해서
신라의 왕위를 독점하는 데 성공하였고
더 나아가 골품제라는 제도로 만들어버렸다.

세계사를 보면 많은 국가의 왕실에서 근친혼을 하였음을 알 수 있
다. 특히 유럽 왕실에서는 중세 말에도 근친혼을 한 사례가 다수
보인다. 현대에도 캐나다 등 서구 국가들, 그리고 미국의 몇몇 주
는 법적으로 근친혼을 허가하고 있다. 하지만 한국은 유교적 전통
이 매우 강했기 때문에 근친혼에 대한 사회적 인식은 매우 부정적
이다. 90년대 중반까지도 동성혼(같은 성씨 간의 결혼)은 근친혼과

같은 의미로 보아 법적으로 금지된 까닭에 많은 사람들이 피해를 보기도 했다.

그 때문일까. 한국사에서 근친혼 문제는 잘 알려져 있지 않았다. 특히 신라의 경우 유학자인 김부식이 《삼국사기》에서 비난에 가까운 논평을 했을 정도의 특수한 역사적 사실임에도 불구하고 교과서 등에는 서술되지 않고 있으며, 고려시대의 일도 마찬가지였다.

하지만 고대 국가사에서 왕실의 혼인제도나 방식은 왕권과 왕위계승에 밀접한 관련성이 있어, 이를 상세히 설명하지 않고서는 왕권의 변동을 설명하기가 매우 어렵다. 특히 신라의 경우 시점에 따라 왕을 부르는 명칭이 거서간-이사금-마립간-왕으로 바뀌는데, 그 시점이 대체로 왕계나 왕위계승의 방식 등에 변화가 있을 때였다. 따라서 신라왕실의 근친혼은 당대 왕위계승의 방식을 바꾼 획기적인 사건 중 하나였으며, 신라사를 공부하는 데 매우 중요한 문제라고 할 수 있다. 신라왕실의 근친혼은 단순하게 도덕적인 금기를 어긴 것이 아니라 정략적인 정치행위로서 비정상을 정상화한, 권력을 독점하고자 하는 지배층의 욕망으로 인한 결과였다.

연장자가 계승하던 신라의 왕위

신라라는 국가는 일반적으로 중국을 끌어들여 삼국을 통일한 나라이자 약소국으로서 운 좋게 성공한 국가인 듯이 알려져 있다. 그래서 만주를 호령한 고구려나 바다를 지배했다고 알려진 백제에 비해 굉장히 저평가된 국가라고 할 수 있다. 하지만 한반도의 동남쪽에 치우쳐 있어 중국과 같은 선진국의 선진 문물을 들여오는 것도 어려웠던 신라가 자신의 한계를 극복하고 강력한 국가로 성장했다는 점은 좋은 평가를 받을 만한 것이다. 그런데 이러한 불리한 상황 속에서 신라를 통치했던 왕실과 지배층은 어떤 사람들이었으며 어떻게 권력을 확립해나갔을까?

《삼국사기》에는 고구려나 백제보다 신라에 대한 기록이 풍부하여, 신라왕실의 왕위계승과 왕의 인척관계에 대한 내용이 비교적 상세하다. 그런데 신라의 김 씨 왕계가 시작되는 나물마립간의 즉위기사를 서술한 항목에는 이 책을 편찬한 유학자 김부식이 마치 비난에 가까운 논평을 달아놓았다.

논하여 말한다. 아내를 맞이함에 있어 같은 성씨를 취하지 않는 것은 분별을 두터이 하기 때문이다. 이러한 까닭에 노공魯公이 오몇나라에 장가들고 진후晉侯가 사희四姬를 취한 것을 진陳나라의 사패司敗와 정鄭나라의 자산子産이 매우 나무란 것이다. 신라의 경우에는 같은 성씨를 아내로 맞이할 뿐만 아니라 형제의 자식과 고종·이종자매까지도 모두 맞이하여 아내로 삼았다. 비록 외국은 각기 그 습속이 다르다고 하나 중국의 예속禮俗으로 따진다면 도리에 크게 어긋났다고 하겠다. 흉노匈奴에서 그 어머니와 아들이 간음하는 것은

〈그림 1〉《삼국사기》 나물이사금(마립간) 기사.
김부식은 논왈論曰이라 하여 역사적 사실을 당대 유학자의
관점에서 옳고 그름을 말하고 있다.

또한 이보다 더욱 심하다.

김부식은 《삼국사기》를 편찬하는 과정에서 특이하다고 생각되는 일, 혹은 후대의 평가가 필요하다고 생각되는 부분에 찬자의 논평을 기록하고 있다. 그의 논평 가운데 가장 큰 비난어조가 바로 이 부분인데, 예를 중요시하는 유학자로서 신라왕실의 근친혼을 문명국에서 이루어져서는 안 될 부정적인 것으로 보았던 듯하다. 즉, 신라의 근친혼은 중국 예속의 도리라는 관점에서 봤을 때 매우 야만스러운 유목민족인 흉노만큼은 아니지만 도리에 크게 어긋난 일이라고 비판한 것이다. 고려 사람인 김부식에게조차 비판을 받은 신라의 근친혼은, 얼마전까지 동성동본의 혼인조차 금지했던 현대 한국인의 관점에서 보면 상당히 이해가 안 되는 놀라운 일이 아닐 수 없다.

더욱이 동시대 주변국인 고구려나 백제의 왕은 왕실 내부의 근친혼이 아니라 다른 유력 귀족들과 혼인관계를 맺고 있었으니 당시 한반도 내 국가들 사이에서도 근친혼은 일반적인 일은 아니었다. 그런 만큼 신라의 근친혼은 더욱 특이하게 생각된다. 왜 신라왕실에서만 이러한 혼인방식을 취했던 것일까?

신라는 하늘에서 내려온 박혁거세와 그를 왕으로 세운 6촌의 촌장들에 의해서 건국되었다고 한다. 그런데 박혁거세의 건국신화 외에도 시조신화가 2개가 더 전해온다. 바다를 통해서 건너온 석탈해와 하늘에서 내려온 김알지 신화로, 이로써 신라는 고구려나 백

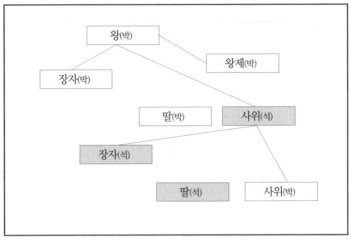

〈그림 2〉 왕실 가계 구성 추정도

가계 내에서 연장자 우선 원리로 왕위계승이 이루어졌다.

제와 달리 도합 3개의 신화를 보유한 국가가 되었다. 그리고 이것
은 실제로 초기 신라의 국가 운영에도 반영이 되어 박 씨, 석 씨, 김
씨 세 성씨가 돌아가며 왕위를 계승하는 독특한 구조가 되었다.

신라의 왕위계승은 대체로 전대 왕이 사망하면 형제가 상속하
거나 아들 혹은 사위가 상속하도록 되어 있는데, 아들이나 사위가
나이 어리면 형제가, 아들과 사위가 성인이면 그중 연장자가 계승
을 하도록 되어 있었다.

이러한 원칙 속에서 신라의 초기 왕위계승은 건국집단인 박 씨
와 초기 이주집단인 석 씨를 중심으로 이루어졌다. 이 과정에서
박 씨는 석 씨와 혼인관계를 맺으면서 동일 가계 내에서 아들과

사위가 있으면 연장자 계승, 아들이나 사위의 나이가 어리면 형제 계승의 형식으로 왕위계승이 이루어지는 형태를 유지했다. 그리고 이러한 왕위계승은 두 성씨의 혼인관계 속에서 반독점 형태로 계승되었다. 즉, 동성혼은 아니지만 약간의 근친혼적인 성격을 띤 혼인관계가 유지되었던 것으로 생각된다. 그리고 이들은 두 가계의 혼인을 통해 왕위계승권을 이 두 집단에서 영구히 점유하고자 했던 것 같다.

김 씨, 근친혼으로 왕위를 독점하다

이 과정에서 새롭게 등장한 지배층 세력이 김 씨 세력이다. 김알지 신화에 따르면 김알지는 석탈해가 거두어 궁에서 성장하였고 왕실의 인척으로 인정받았다고 한다. 하지만 왕위계승에 참여하기 위해서는 상당히 오랜 기간에 걸친 노력이 필요했다.

박 씨와 석 씨가 혼인관계를 통해 왕위계승을 유지해나가는 동안 김 씨계도 점차 박 씨, 석 씨와 혼인관계를 맺으면서 왕위계승권을 향해 다가가기 시작했다. 즉, 박 씨와 석 씨가 독점하고 있던 왕위계승권을 점차 낮은 서열에서부터 확보해나가고 있었던 것이다. 하지만 왕위계승을 성취해낸 것은 13대 왕인 미추이사금대에 이르러서였다. 미추이사금이 즉위할 수 있었던 것은 12대 석 씨 왕인 첨해이사금에게 아들이 없었다는 점, 그리고 다음 세대의 왕위계승 서열에 박 씨나 석 씨가 없었기 때문이었다. 결국 미추이사금은 전대 왕이었던 조분이사금의 사위이자 박 씨계의 외손이라는 자격을 갖추고 있었다는 점에서 첨해이사금 다음 대에 1순위 왕위 계승자로서 왕위를 계승하게 되었다. 결국 신라 3대왕인 석탈해 시기(65)에 등장한 김 씨계는 200여 년이 지나 13대인 미추이사금(262) 대에 이르러서야 사위 자격으로 왕위를 계승하게 된 것이다.

미추이사금이 즉위한 이후 김 씨계에서는 자기들 혈족이 연이어 왕위를 계승하기를 원했다. 하지만 23년 후 미추이사금이 사망하자 결국 이전부터 유지되어온 박 씨, 석 씨를 중심으로 한 왕위 계승의 원칙을 따를 수밖에 없었다. 그리하여 연장자 우선의 원칙에 따라 11대 조분이사금의 아들이었던 유례가 상위 계승권자로서 왕위를 계승하게 되었다.

이로 인해 왕위는 다시 석 씨계로 돌아가게 되었다. 그런데 356년, 당대 왕이었던 16대 흘해이사금이 후계자가 없이 죽었다. 더구나 다른 석 씨나 박 씨의 상위 왕위계승권자가 없는 상황이었다. 이때 왕위계승권에 가장 가까웠던 인물은 미추이사금의 동생인 말구 각간의 아들이자 미추이사금의 사위였던 나물이었기에 그가 왕위를 계승하게 되었다.

김 씨계가 왕위에 즉위하던 시점을 전후하여 보면 김 씨계는 박 씨 혹은 석 씨와 혼인관계를 맺게 되면 다시 그들에게 차기 왕위 계승권이 넘어갈 수 있다는 위험성을 알고 있었던 것으로 생각된다. 미추이사금의 동생이었던 말구 각간은 같은 김 씨계의 여인을 부인으로 삼았고, 그것은 나물도 마찬가지였다. 나물 또한 자신의 큰아버지인 미추이사금의 딸인 보반을 부인으로 맞이하여 근친혼을 함으로써 왕위계승권을 독점할 수 있는 기반을 다지게 되었다. 즉, 나물이사금은 자신의 사촌과 혼인을 함으로써 차후 왕위계승권에 다른 성씨를 가진 인물이 사위나 다른 혈연관계를 통해 왕위계승권을 가질 수 있는 여지를 없앤 것이다.

왕위계승권의 독점은 어떠한 의미를 갖는 것인가? 이와 관련해서 《삼국사기》와 《삼국유사》에 보이는 왕의 명칭을 주목해야 한다. 나물 이후부터 왕의 고유 명칭이 다르게 표기되는데, 《삼국사기》의 경우 나물의 2대 뒤인 19대 눌지부터 마립간으로 표기하고 있다. 이와 달리 《삼국유사》는 나물부터를 마립간으로 표기하고 있다.

代	왕명	재위 기간	성
1	박혁거세	BC57~AD4	박
2	남해차차웅	4~24	박
3	유리이사금	24~57	박
4	탈해이사금	57~80	석
5	파사이사금	80~112	박
6	지마이사금	112~134	박
7	일성이사금	134~154	박
8	아달라이사금	154~184	박
9	벌휴이사금	184~196	석

10	나해이사금	196~230	석
11	조분이사금	230~247	석
12	첨해이사금	247~261	석
13	미추이사금	262~284	김
14	유례이사금	284~298	석
15	기림이사금	298~310	석
16	흘해이사금	310~356	석
17	나물마립간	356~402	김
18	실성마립간	402~417	김
19	눌지마립간	417~458	김
20	자비마립간	458~479	김
21	소지마립간	479~500	김
22	지증왕	500~514	김
23	법흥왕	514~540	김
24	진흥왕	540~576	김
25	진지왕	576~579	김
26	진평왕	579~632	김
27	선덕여왕	632~647	김
28	진덕여왕	647~654	김
29	태종무열왕	654~661	김
30	문무왕	661~681	김
31	신문왕	681~691	김
32	효소왕	692~702	김
33	성덕왕	702~737	김
34	효성왕	737~742	김
35	경덕왕	742~765	김
36	혜공왕	765~780	김

〈표 1〉 신라 왕위 계보

《삼국사기》와《삼국유사》의 기록을 참고하여 정리했다.

왕의 호칭이 이사금에서 마립간으로 변화한 것은 무엇을 의미하는 것일까. 먼저 이사금의 어원을 살펴보자. 이사금이라는 말은 남해차차웅의 차기 왕위계승자를 결정하는 과정을 다룬 설화에서 어원이 나왔다. 다음 대 후보였던 장자 유리와 사위 석탈해에게 왕위계승권이 있었는데, 이들 중 한 명이 왕위를 이어야만 했다. 그래서 두 사람이 동시에 떡을 물어서 잇자국이 많았던 유리가 먼저 왕위를 계승하도록 했다는 것이다. 이로 인하여 잇금이라는 명칭이 이사금으로 되었다고 《삼국사기》에는 나와 있다. 즉, 왕위계승의 기본 원리가 연장자 계승이었다는 것을 표방한 것이다.

권력의 독점과 심화된 근친혼

그렇다면 마립간이란 무엇인가? 신라의 학자로 《고승전》, 《화랑세기》 등을 쓴 김대문은 마립간의 마립을 왕의 궐, 신하의 궐이라는 뜻에서 나온 것으로 계급에 따라 순차를 두어 세웠던 일종의 나무 말뚝과 같은 것이라 했다. 그리고 '간'이라는 말은 몽골의 칭기즈칸의 칸과 같이 왕을 뜻하는 고유의 말로 마립간은 결국 서열화된 간, 간 중의 간, 왕 중의 왕이라는 뜻이다. 즉, 단순한 연장자로서의 지배자가 아니라 이전보다 더욱 강력하고 특수한 지위로서의 지배자라는 것이다.

이와 같이 이사금에서 마립간으로 그 명칭이 변경되었다는 것은

〈그림 3〉 황남대총 출토 신라 금관(국보 제191호).
이 금관을 차지하기 위해 김 씨계는
근친혼을 선택했다(필자 촬영).

김 씨계가 왕위계승을 독점함으로써 다른 성씨계보다 우위에 섰음을 의미하며 왕의 정치적 지위가 이전에 비해 더 올라가고 권력도 더 강해졌음을 나타낸다. 이러한 위계의 변화는 결국 연맹체 형태의 국가에서 하나의 고대국가로 변화해가고 있음을 보여주는 것이다. 김 씨계의 왕위계승 독점은 단순한 왕위계승권의 확보 개념이 아니라 더 강력한 왕권을 가진 군주국가로 발전하게 된 큰 사건이었다.

이러한 결과를 이끌어낸 것이 가계상의 연장자 우선원칙이라는 신라의 기본적 왕위계승 원리를 이용한 전략이었다. 그리고 이를 위한 것이 다른 성을 제외한 김 씨계로만 혼인관계를 한정하여 왕위계승권을 갖는 가계를 독점하는 것, 즉 근친혼을 통한 가계의 독점이었다. 이러한 근친혼 전략은 이후 김 씨계가 왕위를 지속적으로 계승하여 왕위를 독점하는 바탕이 되었다.

이렇듯 김 씨 가계 내에서 시행된 근친혼은 중국의 국가 운영체제에 가까운 행정제도이자 법률인 율령을 반포한 이후에도 행해졌다. 그리고 그들의 권력을 영원히 유지하기 위하여 혈통을 중시하는 골품제가 하나의 신분제도로서 함께 시행되었다. 다른 계급과 혼인을 하게 되면 계급이 강등된다는 규정 속에서 진골 간의 혼인, 성골 간의 혼인이 원칙이 되었고 근친혼은 더욱 심화되어 갔다. 결국 김 씨계는 왕위를 독점하기 위해 김부식이 부도덕하다고 비판한 근친혼을 전략적으로 선택했던 것으로 보인다. 마침내 이 전략은 성공하여 김 씨만의 신라를 이룩하는 데 성공했다. 이

것은 도덕이라는 명분보다 왕위계승이라는 실리를 택한 행위였고 결과적으로 김 씨계로서는 성공한 정책이자 전략이었다고 할 수 있을 것이다.

김 씨계의 전략적 선택, 근친혼

김 씨계는 근친혼을 했다. 하지만 필요에 따라 가야계인 김유신 가문과도 혼인을 하는 등 유연한 모습을 보이고 있다. 이러한 상황 속에서도 골품제는 굳건해졌고, 그에 따라 신분 간 계층이동은 특수한 상황이 아니면 일어나지 않게 되었다.

그런데 그 전에 살펴봐야 할 것이 있다. 신라라는 국가에서 성姓이라는 것이 언제부터 사용되었으며, 관련 기록은 어디까지 믿을 수 있는가 하는 점이다. 《삼국사기》나 《삼국유사》에서는 처음부터 사용한 것처럼 되어 있지만 성이 기재된 비석은 매우 늦은 7세기 정도에서야 나타난다. 즉, 건국 초에는 성이 보이지 않고 있다는 것이다.

현재까지 학계 연구 성과에 따르면 신라에서 실제로 김 씨, 석 씨, 박 씨 등의 성을 칭한 것은 법흥왕 이후에나 시작된 것으로 추정된다. 그래서 이들은 성을 칭하기 전까지는 동류의식을 가진 각기 다른 혈연집단으로 존재하고 있었다.

초기의 신라는 지리적으로 한반도 동남쪽에 치우쳐 있으며 서쪽으로는 백제, 북쪽으로는 고구려에 의해 차단되어, 독자적으로 중국 대륙과 외교관계나 교역을 실행하지 못했다. 그러던 중 6세기에 들어와 법흥왕이 중국 남조南朝인 양나라에 사신을 보낸 것이《양서》에 기록되어 있다. 이 기록에 의하면 백제의 통역을 통해서 양나라와 신라 사이의 외교관계가 맺어졌다고 한다. 백제가 신라를 소개한 내용에서 신라왕의 성은 모募, 이름은 진秦이라 되어 있고, 당시 이것을 그림으로 기록한《양직공도》라고 하는 책(《그림 4》)에도 같은 내용이 기록되어 있다.

국내 자료로는 법흥왕이 왕위에 있으면서 만든 울진 봉평리 신라비(524, 법흥왕 11)가 있는데, 여기에는 법흥왕이 모즉지牟卽智라고 기록(《그림 5》)되어 있어 이 시기까지 김 씨라는 성은 사용되지 않았음을 알 수 있다. 아마도 이후 중국과 교류를 시작하는 과정에서 외교적 필요에 의해 김 씨라고 칭하기 시작한 것으로 보인다.

법흥왕 다음 왕인 진흥왕 대에 이르면 진흥왕을 김진흥이라고 기록하는 등 김이라는 성이 사용되는 기록이 나타난다. 이때는 신라가 정복활동을 통해 한강 유역을 확보한 시점이다. 이 지역을 통해 중국과 직접 교역을 하는 과정에서 성씨라는 것을 사용할 필요를 느껴 사용하게 된 것이다. 결국 성이라는 제도는 외교적 필요에 의해 왕실에서 김이라는 성을 표방하면서 수용하였고, 이후 지배층들이 점차 각기 성을 칭하게 된 것이다.

성을 칭하는 과정이 늦었다는 점 때문에《삼국사기》에 기록된 모든 김 씨 간의 혼인이 반드시 동성혼이었을 것이라는 장담은 할

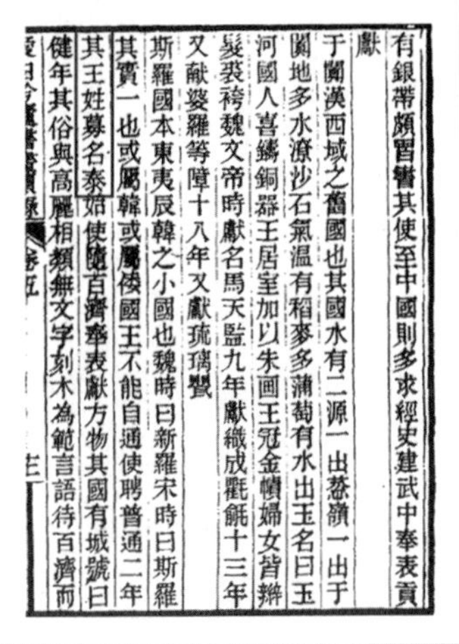

〈그림 4〉《양직공도》.
양나라는 자국에 온 사신들의
모습을 그리고《양직공도》 그 나라들의
내용을 기록해 놓았다.

有銀帶頗習醫藥其使至中國則多求經史建武中奉表貢
獻
于闐漢西域之舊國也其國水有二源一出慈嶺一出于
闐地多水潦沙石氣溫有稻麥多蒲萄有水出玉名曰玉
河國人喜鑄銅器王居室加以朱畫王冠金幘錦女皆辮
髮裳袴褥魏文帝時獻名馬天監九年獻織成罷氈十三年
又獻玁狁等障十八年又獻琉璃罌
斯羅國本東夷辰韓之小國也魏時曰新羅宋時曰斯羅
其實一也或屬韓或屬倭國王不能自通使聘普通二年
其王姓募名秦始使隨百濟奉表獻方物其國有城號曰
健年其俗與高麗相類無文字刻木爲範言語待百濟而

〈그림 5〉 울진 봉평리 신라비.
법흥왕 대(624)에 있었던 사건에 대한
판결이 담긴 비가
울진 봉평리에서 발견되었다.
여기에는 모즉지매금왕牟卽智寐錦王이라고
기록되어 있다.

수 없다. 하지만《삼국사기》에서 신라왕의 즉위기사에 대부분 모친과 비의 가계를 기록하고 있고, 그 기록을 신뢰한다면 전대 왕의 딸 혹은 동생의 딸과의 혼인, 즉 근친혼을 행하였던 것만은 분명하다.

그렇다면 이 시기에 근친혼에 대한 유교 윤리적 의식, 혹은 현대인과 같은 윤리의식이 신라 내부에 존재하고 있었을까? 김부식이 지적하였던 동성혼에 대한 문제의식은 성씨 제도가 제대로 정착, 시행되지 않았던 실상을 참고한다면 거의 없었을 가능성도 있다. 더욱이 신라에서 본격적으로 성을 사용한 것은 거의 7세기에 이르러서 시작되며, 같은 성을 사용하더라도 그 기원이 같은지 여부는 확인할 수 없다는 점 또한 동성혼에 대한 문제의식의 유무를 평가하는 데 한계점이 된다.

다만 주변국인 백제나 고구려에서도 근친혼의 사례가 보이지 않고 국가로 성장하지 못한 옥저나 동예에서도 족외혼이 시행되었다는 기록을 참고할 필요가 있다. 이러한 점 때문에 초기 신라의 왕위계승권을 점유했던 박 씨와 석 씨계가 상호 혼인관계를 통하여 왕위계승을 유지하면서도 독점하려는 시도를 안 했던 것이 아닌가 생각된다. 즉, 기존의 사회적 통념, 혹은 정치적 통념상에서 같은 세력 내에서 혼인관계를 한정짓는다는 것은 당시 신라인들에게도 상당히 특이한 상황이었던 것은 아닐까?

하지만 앞서 언급하고 있다시피 이 시기 신라인들의 윤리의식이나 유교적 인식이 고려, 혹은 현대인과 같거나 유사하지 않을 수도 있기 때문에 당시 신라인의 입장에서 이들의 혼인관계나 정략적인 상황을 바라봐야 할 것이다. 그렇다 하더라도 이들이 당시에 일반적인 방법을 사용한 것은 아니었던 것 같으며, 그들의 평범하지 않은 혼인정책, 비정상적인 정책이 전략적인 성공을 거둠으로써 신라의 전 시대를 관통하는 신분제와 혼인제도를 만들고 운영하였던 것이다.

김 씨계는 예외적이라 할 수 있는 근친혼을 행해서 신라의 왕위를 독점하는 데 성공하였고 더 나아가 골품제라는 제도로 만들어버렸다. 결국 권력 독점에 대한 욕망이 비정상적 혼인방식인 근친혼을 정상적인 것처럼 인식하도록 만들어버린 것이다. 이후 고려시대까지 이어진 근친혼은 시행된 지 수백 년이 지나서야 악습으로 인식되어 폐기되었다. 그리고 현재의 교과서에는 부끄러운 역사 혹은 숨겨야 할 역사처럼 되어 다루지 않는 이야기가 되었다. * 이성호

근대 국민국가 체제 하의 역사 서술은 국가의 경계라는
이분법적 인식틀에 갇히기도 합니다.
이에 따라 우리는 국가 '경계' 밖의 존재, 더 나아가 오늘날의 국가 '경계' 개념이
통용될 수 없는 시공간의 존재들을 시야에서 놓치고 있었습니다.

10

미군 포로심문보고서가
남긴 한국전쟁기
한 포로의 삶

국가가 위태롭거나 무능하면 가장 먼저
그리고 가장 많이 '힘없는' 청년들의 희생을 강제하게 된다.
그래서 국가에 대한 청년의 희생이 생존을 초월하는 사회는 그것으로 이미 비극이다.

〈노르망디의 코리안〉에 담긴 역사

2005년 SBS 스페셜에서 방영된 〈노르망디의 코리안〉 2부작 다큐
멘터리는 당시 큰 반향을 불러일으켰다. 전쟁사학자 스티븐 앰브
로스Stephen E. Ambrose의 저서 《디데이D-Day》에 언급된 '4명의
아시아인(한국인)'과 미국 국립문서기록관리청National Archives and

Records Administration(NARA)에 소장된 '한 장의 사진'이 이야기의 시작이었다.

앰브로스는 그의 저서에서 당시 미군 101공수사단 506낙하산보병연대의 중위였던 로버트 브루어Robert Brewer의 증언을 바탕으로 "그들은 한국인으로 1938년 일본군에 징집되어, 1939년 소련과 일본의 국경 전투에서 소련군의 포로가 된 뒤, 모스크바 외곽에서 1941년 12월 다시 독일군의 포로가 되고, 독일군이 되어 프랑스 노르망디로 보내져, 결국 1944년 6월 미군에게 포로로 잡혔다"고 했다. 그리고 "아마도 그들은 한국으로 보내져 남한군이든 북한군이든 다시 징집되었을 것"이라고도 했다.

그리고 한 장의 사진에는 이를 뒷받침할 수 있는 장면이 담겨 있었다. 연합군의 노르망디 상륙 작전이 완료된 직후 포로 수속을 하던 모습을 촬영한 것이었다. 사진은 다른 서양인 포로들보다는 다소 작고 마른 체구를 가진 포로가 그 주인공이었다. 포로 수속을 하는 연합군 군인에게 시선을 주지 않고 무심한 듯 다른 곳을 바라보는 그의 외모는 동양인으로 보였다. 하지만 사진에 대한 별다른 추가 설명이 남겨져 있지 않아 더욱 궁금증을 불러 일으켰다.

다큐멘터리에서는 이러한 믿기지 않은 코리안의 행적이 충분히 가능하다는 것을 여러 고증을 통해 밝히고, 그렇기 때문에 사진에 찍힌 아시아인이 한국인일 수도 있다는 내용이었다. 한국과 러시아, 독일에 이르기까지 끈질기게 추적했지만 끝내 언급된 실존 인물들을 찾지는 못했다. 하지만 이런 불가사의한 이야기는 실존 인물들의 묘연한 행방과 함께 풍부한 상상력을 자극했다. 그래서 수많은 소설, 연극, 영화 작품의 모티브가 되었다.

이러한 내용이 많은 관심을 받고 작품의 소재가 되었던 것은 그가 입었던 군복과 참전했던 전쟁만큼 기구한 삶인 동시에 우리 조부모나 부모 세대가 겪어야만 했던 평범한 삶이었기 때문일 것이다. 흔히 역사라고 한다면, 특정한 개인이나 집단의 큰 발자취를 좇아가지만, 그 큰 발자취는 작은 발자취들이 모여서 된 것이기도 하다. 따라서 식민과 해방, 그리고 전쟁이라는 우리의 근현대사는 이러한 수많은 코리안의 역사이기도 하다. 그렇지만 이런 역사의 격랑 속에서 작은 발자취들은 대개 큰 발자취에 가려지거나 희미해진다. 각자가 걸은 걸음걸이만큼 다양한 발자국들을 모두 좇아가기는 어렵지만 이러한 삶도 역시 분명 한국 역사의 한 부분이다.

한국전쟁과 포로

흔히 인류의 역사를 전쟁의 역사라고도 한다. 그만큼 인류의 역사는 전쟁의 연속이었다. 그리고 전쟁은 항상 포로를 발생시킨다. 1950년 일어난 한국전쟁에서도 역시 포로가 발생했다. 한국전쟁 동안 유엔군에 잡힌 포로의 수는 대략 17만여 명이었다. 특히 이 중 약 5만여 명은 남한 출신의 포로들이었다.

한국전쟁 당시 유엔군은 붙잡히거나 투항한 인민군/중공군 포

〈그림 1〉

1944년 6월 6일 연합군은 프랑스 노르망디에 대규모 상륙 작전을 개시했다. 그리고 포로로 잡은 독일군에 대한 포로 수속 절차를 하는 과정에서 독일군복을 입은 동양인이 촬영되었다(ⓒNARA).

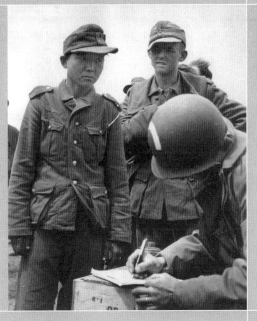

〈그림 2〉

한국전쟁기 미군은 포로로 잡은 인민군과 중공군을 대상으로 심문을 진행했다. 포로가 된 노재길 역시 이러한 심문을 받았고, 그 내용은 사진처럼 포로심문보고서로 작성되었다.

(국사편찬위원회 전자사료관).

Confidential

HEADQUARTERS
Advanced Allied Translator and Interpreter Service

APO 301

ADVATIS-0913
26 Sep 50

ADVATIS Interrogation Report

1. PERSONAL DETAILS:

PW NAME: NO Chae Kil (盧載吉) (노 재 길)
PW NUMBER: 63 NK 4733
RANK: Maj (少 佐)
AGE: 25
DUTY: Regt'l S-3 (Plans and Operations)
UNIT: 6th Div Replacement Regt
EDUCATION: Middle School (2 yrs)
OCCUPATION: Student
PLACE OF CAPTURE: Outskirts of YUNOE-RI (輪外里) (1130-1370)
DATE OF CAPTURE: 19 0900 K Sep 50
PLACE OF BIRTH: CH'UNGCH'ONG NAMDO, KONGJU GUN, CHONTONG MYON, HANGGOK NI, #335
HOME ADDRESS: SEOUL, YONGDUNGP'O KU, TORIM DONG
INTERROGATOR: SHU HAMASAKA (ATIS)
DATE: 24 Sep 50

2. ASSESSMENT:

PW appeared to be intelligent. He was cooperative. PW claims he surrendered to US troops voluntarily, however in interrogator's opinion, PW surrendered when capture became inevitable. In SEOUL, 28 Jun 50, PW was released by NKPA after serving 2 years of 10 year sentence imposed by ROK Army general court-martial (see chronology).

3. TACTICAL INFORMATION:

Chronology:

Mar 43: PW conscripted into Japanese Army.
Apr 43: Enrolled Japanese pre-flight (glider) training School, TOKYO.
Mar 44: Graduated pre-flight course. Sent to UTSUNOMIYA ( ) Army flight school, UTSUNOMIYA, JAPAN.
15 Aug 45: End of hostilities of World War II. PW discharged.
7 Sep 45: PW returned to home, CHONUI ( ), South KOREA.
Oct 45: PW moved to SEOUL.
25 Feb 46: Volunteered for ROK Army, SEOUL.
14 Sep 46: Enrolled Army OCS, SEOUL.
14 Dec 46: Graduated 5th place out of 290 graduating students. Commissioned 2nd Lt, Inf, ROK Army. Assigned as Inf instructor at OCS, SEOUL.
May 47: Transferred to IRI ( ). Assigned Bn, S-3, 1st Bn, IRI.
Jul 47: Promoted from 2nd Lt to 1st Lt, ROK Army at IRI.
1 Aug 47: Transferred to 4th Regt, KWANGJU (光州). Assigned Regt'l S-3.
27 Feb 48: Transferred to ROK Army Inf Training School, SEOUL. Assigned as Inf instructor.
27 Feb 48: Transferred to SEOUL ROK Army, OCS, SEOUL. Assigned as instructor.

Confidential

DECLASSIFIED
Authority NND 979421

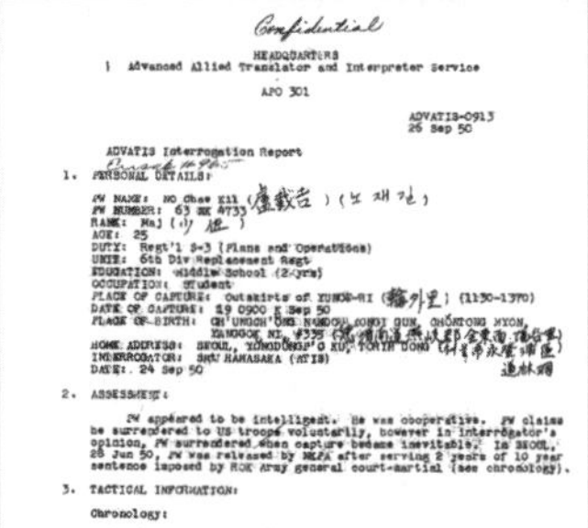

로들을 대상으로 심문을 진행했다. 노르망디의 아시아인들 또한 이러한 과정을 거쳤을 것이다. 당연히 심문의 목적은 주로 적군의 배치나 무기 등에 대한 정보 획득이었다. 포로는 그 과정에서 성명, 계급 및 소속, 군번 등은 물론 개인의 이력을 진술하기도 했다. 포로의 진술은 자기방어적 성격이 강할 수밖에 없기 때문에 온전하게 믿을 수는 없지만, 대다수 포로들은 그들의 삶을 담담하게 말하였다.

이 심문보고서에 따르면, 인민군 6사단 보충연대 소좌少佐(국군의 소령에 해당) 노재길은 1950년 9월 19일 09시에 경상남도 함안군 법수면 윤외리 교외에서 잡혔다. 인천상륙작전이 성공한 이후, 낙동강 전선을 돌파해 북진하려는 미 25사단 35연대와 이를 저지하면서 후퇴하려는 인민군 6사단 사이의 전투에서 생포되었을 것이다. 미군에 생포된 그는 5일 후, 연합군 총사령부 소속 연합통번역대ATIS 일본계 미국인인 하마사카Hamasaka 병장에게 심문을 받았다. 당시 인민군을 심문하던 미군 심문관들은 많은 수가 니세이Nisei(2세)라고 불리던 일본계 미국인들이었는데, 이것은 당시 한국인들이 일본어를 구사하는 경우가 많았기 때문이다. 그래서 중학교 2년Middle School 2yrs 정도의 학력과 일본군에서 교육을 받은 노재길과의 의사소통에는 큰 불편이 없었을 것이다.

식민지의 청년, 일본군에 들어가다

그는 1926년 6월 15일 충청남도 연기군 전동면 양곡리 335번지에서 태어나 1943년 3월(18세) 일본군에 징집되었다. 도쿄에서 사전 비행 훈련을 수료한 뒤, 우쓰노미야宇都宮에 있는 육군항공비행학교로 보내져 교육을 받다가 제2차 세계대전의 종전으로 해방을 맞았다.

일본 육군은 1933년 4월 육군항공학교를 신설했는데, 교육 기간은 3년 6개월이었다. 하지만 태평양전쟁 이후, 일본은 조종사의 대량 양성을 위해 육군항공학교를 육군소년비행병학교로 바꾸고, 2개의 학교를 추가로 개설, 교육 기간도 단축한 제도를 1943년 3월에 신설했다. 특히 구마가야熊谷, 우쓰노미야宇都宮, 다치아라이大刀洗의 비행학교는 조종 교육을 하던 곳인데, 우쓰노미야로 보내졌기 때문에 아마도 해방을 맞이하기 전에 교육을 마쳤다면, 그는 일본군 특공대인 가미카제神風로 희생되었을지도 모른다.

대한민국의 군인이 되다

1945년에 9월 7일에 고향으로 돌아갔다가 1946년 2월 25일 서울에서 국군으로 지원했다. 그리고 9월 14일부터 12월 14일까지 조선경비사관학교(육군사관학교 전신)를 다녔고 졸업생 중 5등으로 졸업하였다. 졸업 후 소위로 임관해 1947년 7월에 중위로 진급하였다. 그리고 이리, 광주 등을 거쳐 1948년 2월 27일부터 서울 조선경비사관학교(육군사관학교)에서 교관으로 복무했다.

그가 조선경비사관학교를 다닌 1946년 9월 14일부터 12월 14일까지는 육군사관학교 2기에 해당하는 기간으로, 당시 약 2대 1의 입시 경쟁률로 263명이 입교해 196명이 졸업했다. 그는 졸업한 뒤 1년여 후에 다시 모교의 교관으로 부임해 육사 5기, 6기, 7기(정기, 특별)의 교육을 담당했다. 그리고 1948년 8월 15일 대한민국 정부가 수립됨에 따라 교명도 지금의 육군사관학교로 개명되었다.

그가 다닌 육사 2기는 196명의 졸업생 중에 79명이 장군이 되었다는 점에서 알 수 있듯이, 주목할 인물들이 많다. 대통령 박정희와 그를 저격한 중앙정보부장 김재규, 그리고 1949년 5월 자신의 대대를 데리고 월북했다가 전쟁 발발 후에는 인민군으로 참전한 강태무(8연대 2대대장), 표무원(8연대 1대대장) 등이 모두 노재길과 함께 교육을 받은 동기생들이다.

여순사건과 숙군肅軍에 휘말리다

1948년 11월 10일 그는 서울에서 국군 정보요원들에게 체포되었고, 대한민국 국군 요원의 정당 가입을 금지하는 대한민국 육군규

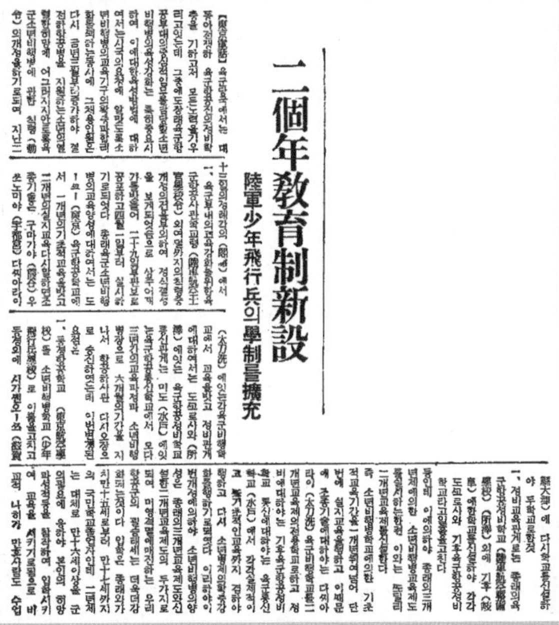

二個年教育制新設

陸軍少年飛行兵의學制를擴充

〈그림 3〉
육군소년비행병의 학제를 확충한다는 1943년 3월 30일자(석간) 《매일신보》 2면 기사다.
(한국연구원 소장, 한국언론진흥재단 뉴스 라이브러리).

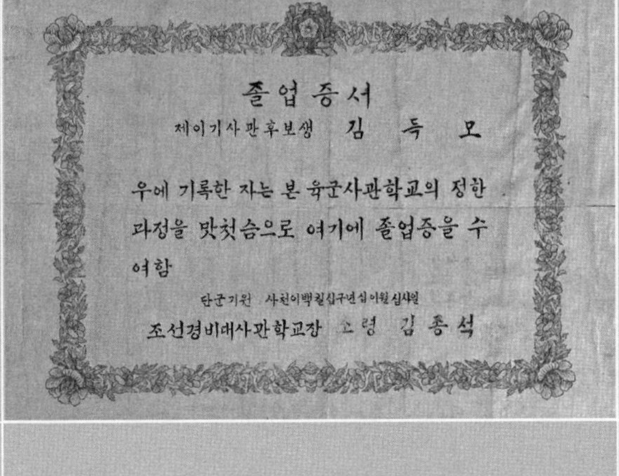

졸업증서

제이기사관후보생 김 득 모

우에 기록한 자는 본 육군사관학교의 정한 과정을 맛칫슴으로 여기에 졸업증을 수여함

단군기원 사천이백칠십구년십이월십사일

조선경비대사관학교장 소령 김 종 석

〈그림 4〉
1946년 1월 15일에 창설된 조선경비대사관학교 제2기 졸업증서.
같은 해 5월 1일 남조선국방경비사관학교, 6월 16일 조선경비사관학교로 개명되고 1948년 9월 5일 지금의 육군사관학교로 개명되었다(육군박물관 소장).

정(1947년 6월) 위반으로 기소되었다. 그는 서울에서 남로당에 가입했다고 자백하였지만, 당원은 아니었다. 그리고 현재는 공산주의에 반대한다고 말하였다. 또한 대한민국 정부를 전복하려는 음모를 꾸몄다는 죄로 기소되었다. 그는 1949년 2월 8일 고등군법회의에서 유죄를 받아 국군에서 불명예제대를 하였고 서울에 있는 민간 교도소에 10년형을 선고받았다.

1948년 11월은 여수–순천사건과 관련하여 한국군 내에서 숙군이 진행되는 시기였다. 노재길 대위는 여순사건 직후인 11월 10일 육군본부 정보국에 체포되었다. 반란기도죄로 고등군법회의에 회부된 그는 처음에 징역 15년형을 받았으나 10년으로 감형되었으며, 1949년 5월 10일부로 군에서 파면되어 서대문형무소에 수감되었다. 또한 이 숙군 과정에서 그의 동기인 박정희도 11월 11일 체포되었는데, 처음에 무기징역을 선고받았다가 10년으로 감형된 뒤 나중에는 감형된 징역의 집행도 면제받았다. 이는 조사 과정에서 국군 내 남로당 명단을 넘기는 등 적극 협조한 것이 반영되었다고 볼 수도 있다. 하지만 비교적 중책을 맡았던 박정희가 형의 집행을 정지받았을 뿐만 아니라 석방되어 비록 민간인 신분이지만 육군본부 정보국의 문관으로 근무하고 한국전쟁 발발 직후 소령으로 복직한 점은 노재길과 비교하면 어딘가 석연치 않은 부분이 있다.

〈그림 5〉
숙군 과정에서 체포된 최남근
중령, 박정희 소령 등에 대한
서울고등군법회의 결과를 보도한
1949년 2월 17일자
《조선중앙일보》(2면) 기사다.
(국립중앙도서관 온라인 원문).

崔中領에 銃殺刑
軍法會議 73名에 言渡

〈그림 6〉
인민군은 서울을 점령한 뒤, 서대문형무소 등에 수감된
정치범들을 석방시킨 후 인민의용군으로 동원하였다.
이들이 인민의용군에 참가하고 있다는 1950년 7월 7일자
《조선인민보》(2면) 기사이다(《빨치산 자료집 6 : 신문편(1)》).

조선인민보

모두다 義勇軍에로!
南朝鮮愛國靑年들 總蹶起

出獄鬪士들다투어參加
前線에로前線에로勇躍出動

學生들
前線

조선인민의용군이 되다

1950년 6월 28일 조선인민군에 의해 서울이 점령되었다. 포로(노재길)를 포함한 정치범들은 석방되었다. 그리고 그는 조선인민군이 서울 주민에게서 모집한 조선인민의용군에 자원했다. 그는 1950년 7월 9일에 조선인민의용군으로 징집되어 서울 1여단 3대대의 대대 부관(계급 없이)으로 배속되었다.

1950년 7월 16일 5개 대대로 구성된 서울 1여단의 총 병력은 2,500명이었다. 징집병들(이들 대부분은 도시 노동자나 학생으로, 연령은 18세에서 40세 사이로 평균 23세의 청년들이었다)은 훈련을 받지 않았고, 각각 1개의 수류탄을 받았다. 전前 대한민국 청년조직의 제복을 입고, 도보로 서울을 출발했다. 징집병들은 남쪽에서 노획된 무기로 무장할 것이라고 들었다.

전쟁 발발 당시 서대문형무소의 수감자는 8,700여 명이었는데, 6월 27일 새벽 이승만 대통령을 비롯한 국무위원 등이 피란을 가면서 일부 수감자들은 구출되거나, 총살되기도 했다. 노재길은 다행히 그 화를 면했고 다음날 서울은 인민군에게 점령되었다. 6월 28일 서대문형무소 정문을 탱크로 부수고 들어온 인민군들은 복역 중이던 정치범들을 석방하였는데, 노재길도 그중 1명이었다.

7월 초부터 북한은 본격적으로 조선인민의용군을 모집하였다. 전쟁 기간 동안 남한에서 동원 혹은 모집된 인민의용군의 수는 적게는 10만 명에서 많게는 40만 명으로 추산되고 있다. 노재길은 출옥 당시 다시 자의든 타의든 여기에 지원해야 했을 것이다. 그리고 1여단 3대대에 배속되었다. 그러나 별다른 훈련은 받지 않았고, 수류탄을 제외한 어떠한 무기도 받지 못했다. 그는 다수의 도시 노동자와 일부 학생들로 구성된 2,500명의 의용군들과 함께 7월 16일 도보로 서울을 출발했다. 그는 의용군들과 함께 평택, 천안, 공주, 논산, 전주, 남원, 순천 등을 거쳐 남하했고, 6사단 보충연대에 배속되었다. 이렇듯 대부분의 인민의용군들은 무기와 장비를 제대로 갖추지 못한 채, 전선에 투입되어 총알받이로 내몰렸다.

포로가 속한 인민군 6사단은 팔로군 출신 사단장 방호산이 이끄는 부대로 대부분의 병사들은 전투 경험이 풍부한 조선의용군 출신이었다. 그들은 해방 이후 중국인민해방군 166사단에 소속되었다가 1949년에 입북해 인민군 6사단으로 개편되었다. 개전 후 6사단은 큰 저항을 받지 않고 서울을 거쳐 서해안을 따라 호남 지역을 점령하고 마산 공격을 앞두고 있었다.

전쟁포로가 되다

1950년 9월 16일 포로는 직접 함안 북서쪽 7km 십이당산十二堂山의 북서쪽 지역에 있는 미 육군부대 위치와 병력을 정찰하고 확인하라는 명령을 받았다.……50년 9월 18일 포로의 일행은 윤외리 서쪽 변두리를 따라 도보로 계속 걸었다. 북서쪽 마을 끝에서 미군 경비병 또는 정찰병에게 사격을 받았다. 포로의 동료는 넓적다리에 부상을 입었다. 포로는 부상당한 동료를 등에 업고 퇴로를 찾았다. 부대로 탈출하는 것이 불가능하게 보였기 때문에, 같은 날에 투항하기로 결심했다.

1950년 9월 19일 09시 포로는 윤외리 북쪽 교외에서 미군 부대에게 투항했다.

그는 정찰 임무를 수행하다가 공격을 받았고, 그 와중에 부상을 입은 동료와 함께 이동하다 투항했다. 포로가 속한 6사단은 당시 함안군 군북면에 주둔하면서 마산, 진해를 거쳐 김해로 진격하려고 했다. 하지만 7월 이후 시작된 미군의 폭격과 마산 전선에서의 치열한 공방전으로 개전 초기 11,000여 명이었던 병력은 절반 이상 손실을 입었다. 미군의 폭격과 포격 등으로 함안 전투산 일대는 수천 구의 인민군 전사자 시체가 목격되기도 하였다. 특히나 병력의 대다수는 남한에서 징집된 의용군으로 훈련이나 장비마저 모두 부족한 상태였다. 결국 인민군 6사단은 유엔군의 인천상륙작전 성공으로 18일 저녁부터 함안에서 후퇴하기 시작했다.

1950년 9월 19일에 잡힌 그는 포로번호 64NK4733을 부여받고, 9월 24일 심문을 받았다. 노재길은 진술에서 자발적으로 투항한 듯이 진술했지만, 심문보고서 첫 장에 있는 심문관의 평가에서 하마사카 병장은 그는 생포가 불가피하게 되자 투항했다는 의견

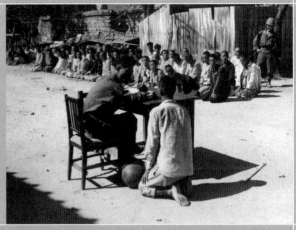

〈그림 7〉

포로가 된 인민군을 심문하는 과정에는 미군뿐만 아니라 국군도 참여하였다. 특히 9월 15일 인천상륙작전 이후 대량의 포로가 발생하자 심문관들이 부족하기도 했다. 사진은 1950년 10월 18일 국군 장교가 생포된 인민군 포로를 심문하는 장면이다(국사편찬위원회 전자사료관).

63NK 4728	KIM JONG SUP	PVT	ESC		18 JUN 53
63NK 4729	KIM CHE YONG	PVT	RLD	C1	30 JUN 52
63NK 4730	HAN SUNG KYOO	PVT	REP		27 AUG 53
63NK 4731	LEE YONG PIN	PVT	REP		24 AUG 53
63NK 4732	SONG GYUNG KUK	PVT	RLD	C1	29 JUN 52
63NK 4733	RO JAI KIL	MAJ	REP		8 AUG 53
63NK 4734	CHANG SOO CHONG	CAPT	REP		6 AUG 53
63NK 4735	LEE JUNG HAE	PVT	ESC		18 JUN 53
63NK 4736	SONG KYUNG SUN	PVT	REP		31 AUG 53
63NK 4737	LEE JUNG HA	PVT	NNRC		21 SEP 53
63NK 4738	CHOI YE YUNG	PVT	ESC		18 JUN 53
63NK 4739	PAK MAN KON	PVT	ESC		18 JUN 53
63NK 4740	LEE IN TO	S-SGT	ESC	C1	4 FEB 52
63NK 4741	KIM CHAE JUN	PVT	RLD	C1	21 OCT 52
63NK 4742	KIM SAN HO	PVT	REP		2 SEP 53
63NK 4743	KIM SANG SUN	PVT	REP		2 SEP 53
63NK 4744	KIM YONG YUN	PVT	ESC		18 JUN 53
63NK 4745	PAE CHONG HAN	PVT	REP	C1	16 AUG 53
63NK 4746	MOON IN SOK	PVT	REP		23 AUG 53
63NK 4747	KUM YONG HONG	PVT	ESC		18 JUN 53
63NK 4748	PAK DAN HUA	PVT	RLD	C1	30 JUN 52
63NK 4749	CHO CHAE KOL	PVT	RLD	C1	30 JUN 52
63NK 4750	KIM SEONG DJIN	PVT	REP		2 SEP 53
63NK 4751	MUN CHANG SANG	PVT	REP	C1	16 AUG 53
63NK 4752	LEE HAN HO	PVT	REP	C1	7 AUG 53
63NK 4753	KWAN SEUNG SECK	PVT	RLD	C1	30 JUN 52
63NK 4754	SIN MAN SUUN	CIV	REP	C1	13 AUG 53
63NK 4755	KIM CHONG KWAN	PVT	ESC		18 JUN 53
63NK 4756	MOK SU SUNG	CIV	RLD	C1	16 JUL 52
63NK 4757	PAK DO HONG	PVT	NNRC		21 SEP 53
63NK 4758	HAN SUN PACK	PVT	ESC		18 JUN 53
63NK 4759	CHI HAI YON	PVT	REP		9 AUG 53
63NK 4760	YU DONG SON	PVT	ESC		18 JUN 53
63NK 4761	AN HO KYUNG	PVT	NNRC		21 SEP 53
63NK 4762	CHU KWAN SIK	PVT	RLD	C1	29 OCT 52
63NK 4763	PAK OK CHUN	PVT	RLD	C1	15 OCT 52
63NK 4764	PAK YONG YUP	PVT	ESC		18 JUN 53
63NK 4765	PAK YONG HO	PVT	DEC		17 JUN 51
63NK 4766	AN CHANG KI	PVT	ESC		18 JUN 53
63NK 4768	CHONG TAL NAM	PVT	RLD	C1	8 JUL 52
63NK 4769	KIM YONG SOL	PVT	REP		28 AUG 53
63NK 4770	BAK U JUN	PVT	REP		27 AUG 53
63NK 4771	CHA YUL SUN	PVT	NNRC		21 SEP 53
63NK 4772	KANG YONG CHE	PVT	ESC		18 JUN 53
63NK 4773	CHAI CHONG SOO	PVT	ESC		18 JUN 53
63NK 4774	KWAN JI SANG	PVT	RLD	C1	21 OCT 52
63NK 4775	CHE YONG TEK	PVT	NNRC		21 SEP 53
63NK 4776	SONG KWAN YONG	PVT	RLD	C1	9 JUL 52
63NK 4777	KIM YON CHUL	PVT	ESC		18 JUN 53
63NK 4778	CHONG HYONG SON	PVT	NNRC		21 SEP 53

089

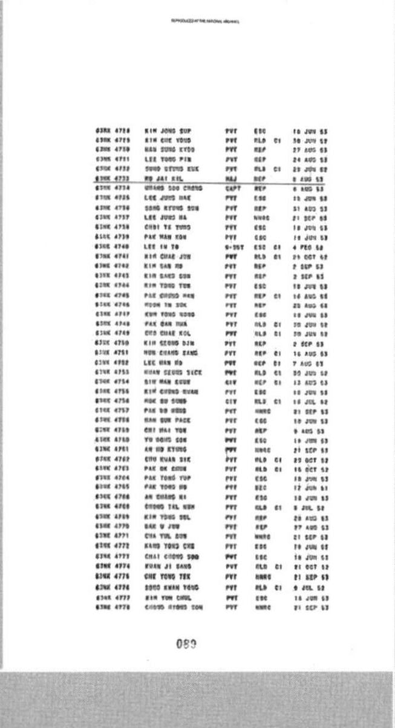

〈그림 8〉

노재길의 처리 결과가 적힌 거제도 포로수용소의 포로 명단(국사편찬위원회 전자사료관).

을 적어놓았다. 심문을 마친 노재길은 그가 잡힌 날짜와 지역, 그리고 그를 잡은 부대가 적힌 전쟁포로 표tag를 목에 걸고 수용소로 이송되었을 것이다.

북한으로 송환되다

그는 부산 포로수용소를 거쳐 거제도 포로수용소로 이동되었을 것이다. 포로수용소 내에서 노재길의 행적은 알려진 것이 없다. 다만 그가 장교임을 밝혔기 때문에 인민군장교수용동에 수용되었을 것이란 점과 공산포로와 반공포로로 나뉘어 전장처럼 치열한 싸움을 벌였던 수용소 안에서의 갈등에서 그가 다시 선택을 해야만 했을 것이라는 점은 충분히 짐작해볼 수 있다. 그리고 약 3년간의 수용소 생활을 마친 그는 또다시 선택을 해야 했다. 거제도 포로수용소의 포로들은 크게 송환Rep, 석방Rld, 탈출Esc, 중립국 NNRC 그리고 사망Dec으로 처리되었는데, 노재길은 결국 북한 송환을 선택했고, 1953년 8월 8일 처리되었다.

　나라를 빼앗긴 청년은 침략국가의 전쟁에 동원되었다. 그리고 다행히 자살특공대로 출격하지 않아서 목숨은 구했다. 이후 맞이한 해방공간에서 청년은 다시 남과 북, 좌와 우를 선택해야 했다. 청년은 대한민국의 군인으로 복무했지만, 여순사건에 휘말려 수감되었다. 그리고 한국전쟁을 맞이했고 다시 남과 북의 전쟁에 동원되었다. 그리고 다시 살아남았다. 그렇지만 청년의 행위에 대한 평가는 지금까지도 논란이 되고 있다. 강제와 자원에 대한 판단은 쉽게 단정할 수 없기 때문이다.

하지만 한국 근현대사에서는 노재길과 같은 일본군–국군–인민군뿐만 아니라, '일본군–인민군–국군', '국군–인민군–국군' 등의 이력을 가진 사람들을 흔치 않게 찾아볼 수 있다. 식민과 해방 그리고 분단과 전쟁이라는 슬픈 시대의 상황은 많은 사람들에게 끊임없이 선택을 강요했다. 특히 국가가 위태롭거나 무능하면 가장 먼저 그리고 가장 많이 '힘없는' 청년들의 희생을 강제하게 된다. 그래서 국가에 대한 청년의 희생이 생존을 초월하는 사회는 그것으로 이미 비극이다.

18세에 일본군에 입대하여 28세에 북한으로 송환될 때까지 그의 삶은 국가와 전쟁으로 점철되어 있다. 그 시대에 살았던 많은 청년들 역시 마찬가지였다. 하지만 그들의 삶은 역사에서 이야기되어서는 안 되었다. 일제강점기에는 독립투쟁과 동원 피해만이 있어야 했고, 한국전쟁에는 공산세계에 대한 승리와 국난극복의 과정이 있어야 했다. 이것이 유일한 대한민국의 '올바른' 국가관과 역사의식이다. 그렇지만 역사는 어느 '일방'의 공인된 기억으로만 구성되어서는 안 된다. 특히 국가 독점에 의한 역사 서술은 국가의 부끄러운 역사보다는 자랑스러운 역사를 강조하게 된다. 이 범주에 들지 않은 모든 것들은 반反국가적 혹은 비非국가적 요소로 치부되어버리게 된다.

역사학의 본령에 대한 여러 규정이 있지만, 기본적으로는 과거에 대한 비판적 성찰과 실증일 것이다. 그래서 과거의 사실에서 현재의 의미를 찾기 위해서는 다양한 측면의 접근과 검증이 수반되어야 한다. 사람이 치과 검사만으로 전체 건강 상태를 판단하지 못하고, 아픈 부분을 감춘다고 해서 완치되는 것이 아닌 것처럼 역사 또한 전문성과 다양성이 보장되어야 하는 것이다. 하지만 국가 독점의 역사 서술은 이 모든 것을 획일화하는 기준을 제시하고 강제함으로써 다양한 해석과 가능성을 말살하게 된다. 이런 '위생 처리'로 구축된 역사는 실증적 사실에 근접할 수 없을 뿐만 아니라 역사적 교훈도 도출할 수 없을 것이다. *윤성준

11

연변 조선인들의 '조국'을 되돌아보다

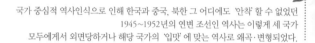

국가 중심적 역사인식으로 인해 한국과 중국, 북한 그 어디에도 '안착' 할 수 없었던
1945~1952년의 연변 조선인 역사는 이렇게 세 국가
모두에게서 외면당하거나 해당 국가의 '입맛' 에 맞는 역사로 왜곡·변형되었다.

경계에 선 사람들

나는 내가 한국 사람인지 중국 사람인지 혼란스러울 때가 있어. 중국에서는 한국 사람이라 생각했는데 여기선 그렇지 않네.

2012년 개봉한 영화 〈차이나블루〉의 주인공인 길남은 한국에서

대학을 다니고 있는 조선족이다. 길남은 조선족이라는 이유로 교수와 함께 하기로 한 프로젝트에서 배제되고, 이웃들에게는 '짱개'라 불린다. 위 대사는 길남이 한국에서 맞닥뜨린 정체성의 혼란을 단적으로 보여준다. 길남의 사례에서 알 수 있듯이 조선족은 같은 언어를 쓰고 같은 핏줄을 가졌다는 점에서는 한국의 내부인이지만, 국가와 국적을 기준으로 보면 외부인이다. 한국과 중국이 축구를 하면 누굴 응원하느냐는 해묵은 질문은 한국과 중국의 '경계'에 선 조선족의 위치를 상징한다. 박지성 때문에 맨체스터 유나이티드를 응원하고 류현진을 응원하기 위해 덕분에 메이저리그를 보는 국민국가의 강고한 위력 속에서, 경계인이라는 존재는 쉽게 타자화되거나 잊히기 일쑤였다.

이는 역사 교육과 역사 서술에서도 마찬가지였다. 국가가 중심이 되고 민족을 강조하는 역사 교육과 국경을 단위로 역사를 서술하는 방식 속에서 그 경계에 있었던 수많은 사람들의 삶이 어땠는지 묻는 질문은 설 자리를 잃었다. 국가와 민족 중심의 역사 교육·역사 서술로 인해 우리가 잊어버린 사람들은 없는가? 그들의 역사를 복원하는 것은 현재의 우리에게 어떠한 의미를 지니는가? 이 글은 역사의 경계에 있던 사람들의 삶에 한 걸음 다가가서 이러한 물음에 답하려는 시도다. 1945~1952년의 연변[1] 조선인들이 바로 그 주인공이다.

조선족의 '조국'은 언제부터 중국이었을까?

"동포 같은 소리 하네", "한국말 쓰는 중국인", "다른 나라에 피해주지 말고 너희 나라로 가라.", "조선족 외노자(외국인 노동자) 그만받아라." 최근 한 신문기사에 달린 댓글들이다. 그렇다. 중국에 거주하고 있는 조선족들의 국적은 중국이고, 이들은 법적으로 외국인이다. 국적뿐만이 아니다. 한 연구에 따르면, 조선족 2세까지만해도 "너희 중국", "우리 조선"이라는 말을 사용하였지만, 3세대이후부터는 자연스럽게 중국을 '우리나라'라고 부른다고 한다. 3세대 이후의 조선족들 대부분은 확실히 중국인이라는 '조국 정체성'을 가지고 있다는 것이다. '현재'의 조선족이 자신의 조국을 중국이라고 생각하고 있는 것은 사실에 가까울지도 모른다.

그렇다면 이들의 조국은 언제부터 중국이었을까? 아니 그보다먼저, 이들은 언제 어떻게 중국으로 건너가서 어떤 과정을 거쳐중국을 조국이라고 생각하며 살게 되었을까? 이들은 한반도의 국가를 조국이라고 생각한 적이 없었을까? 조선족의 '현재' 국적 때문에, 이들이 처음부터 중국인이었다고 당연히 전제함으로써 묻힌 '역사'는 없을까? 인터넷에 넘쳐나는 조선족에 대한 혐오와 조롱 그리고 타자화 속에서, 이러한 질문을 하는 사람은 많지 않다.

정체성이 드러나는 호칭: 조선인과 조선족

본격적인 이야기에 들어가기에 앞서, 이 글에서 가장 많이 등장하게 될 조선인/조선족이라는 용어부터 짚고 넘어가자. 한국사회에서 무비판적으로 쓰이는 '조선족'은 중국의 55개 소수민족 중 하나인 '한인계 중국인'을 지칭하는 말이다. 즉, 조선족은 중화인민공화국의 수립(1949)과 연변조선족자치주의 탄생(1952)을 거치면서 새롭게 정의된 중국인의 일부다. 이 용어 속에는 조선족=중국인이라는 의미가 포함되어 있다. 따라서 이들이 중국인으로서의 정체성을 확고히 하기 이전인 1945년부터 1952년까지를 다루는 이 글에서는 이들을 조선족이 아닌 '조선인'이라고 칭할 것이다. 이 시기까지 이들은 스스로를 조선인이라고 부르는 경우가 많았고, 이들이 거주했던 연변 일대를 실질적으로 통치했던 중국공산당도 한국인韓國人, 동북조선인민東北朝鮮人民, 동북조선민족東北朝鮮民族 등의 호칭을 사용하였기 때문이다.

태극기와 애국가로 뒤덮였던 1946년의 연변

19세기 말부터 20세기 초에 만주로 이주하기 시작한 조선인들의 수는 식민지기를 거치면서 급증했다. 해방 당시 만주 지역에는 200만 명이 넘는 조선인이 살았고, 그중 65만여 명 정도가 연변에 거주하고 있었다. 식민지기 중국에 정착한 조선인 가운데 다수는 한반도로 돌아갔지만 연변 조선인들은 대부분 그곳에 남기로 했다. 이들 가운데 상당수는 식민지기에 가족 전체가 중국으로 이주해와, 그곳에 삶의 기반을 닦아온 사람들이었기 때문이다. 중국공산당도 가능하면 연변의 조선인을 현지에 정착하도록 유도한다는 방침을 가지고 있었다. 조선인이 연변 총 인구의 80퍼센트 가까이를 차지하고 있었기 때문에, 조선인의 정착은 연변의 안정된 지배를 위해 반드시 필요한 조치였다. 연변에 남은 조선인들은 늘 한반도의 소식에 촉각을 곤두세웠다.

연변 지역 조선인들에게 해방의 기쁨은 잠시였다. 이들 앞에 펼쳐진 것은 국공내전國共內戰[2]이라는 전시 상태였다. 연변은 전쟁 수행을 위한 중국공산당의 후방 근거지로 지목되었고, 이로 인해 연변 조선인의 중요성은 더욱 커졌다. 중국공산당이 연변 지역을 확고하게 장악하지 못한 상황에서, 전쟁 수행을 위해서는 연변 조선인들의 지지가 절대적으로 필요했던 것이다. 이와 같은 배경은 연변 지역 조선인들이 '한반도 조국관'을 가지고 다양한 논의와 활동을 할 수 있게 만들었고, 중국공산당의 대對조선인 정책에도 영향을 끼쳤다.

연변 조선인들의 '한반도 조국관'이 집단적으로 표출된 첫 사례는 신탁통치 반대운동(이하 반탁운동)이었다. 한반도를 반탁운동의 물결에 휩싸이게 했던 1945년 12월 말 모스크바 3상회의의 조선에 대한 신탁통치 결정은 연변 조선인 사회도 뒤흔들었다. 연변을

〈그림 1〉 중국 길림성 연변조선족자치주
용정시 명동촌에 있는 윤동주 생가 안내석.
'중국조선족 시인'이라는 문구가 선명하다. 한국인이 가장 사랑하는
시인으로 꼽힌 윤동주는 1917년 명동촌에서 태어났고, 유년 시절을
연변에서 보냈다. 윤동주가 연변에서 거주했다는 이유만으로, 윤동주
자신이 어떠한 정체성을 지녔는지─자신을 '조선족'이라고
생각했는지 아니면 '조선인'이라고 생각했는지─와 상관없이
현재의 잣대로 윤동주를 '조선족'이라고 명명하는 것은 타당한가?
과연 해방 이전 연변에 살면서 조선의 독립을 꿈꿨던
윤동주는 자신을 '조선인'이 아닌 '(중국)조선족'이라고 생각했을까?

포함한 만주 전역에서 조선인들의 격렬한 반탁운동이 전개되었다. 1946년 1월 7일 연길에서 열린 반탁군중대회에는 3,000명이 모여 애국가를 합창하고 "조선의 완전독립"이라는 구호를 제창했다. 이 대회를 주관한 단체는 연변인민민주대동맹(이하 민주대동맹)이었다.

연변 지역 조선인 사회주의자들이 1945년 10월 27일에 조직한 민주대동맹은 회원 수 14만 5,000명의 대규모 대중조직으로, 회원 중 94.5퍼센트에 달하는 13만 7,000여 명이 조선인이었다. 민주대동맹은 1946년 하반기 중국공산당이 연변을 장악하기 전까지, 연변 거주 조선인의 구심점으로 기능하면서 민족성을 강하게 드러냈다. 대대적인 3·1절 기념행사의 거행, 〈아리랑 칠경七景〉처럼 조선의 정서를 느낄 수 있는 연극의 상연이 대표적이었다. 이들 행사에서는 태극기 등 민족의 상징물이 등장하였고, 민족의식을 고취하는 구호와 애국가 제창이 행해졌다. 지금의 '조선족' 사회에서 상상할 수도 없는 일이 해방 직후에는 가능했던 것이다. 이 시기 연변에는 분명 '조선족'이 아니라 '조선인'이 살고 있었다.

중국공산당도 이러한 조선인들의 '한반도 조국관'을 인정하고 있었다. 중국국민당과 사활을 건 싸움을 벌이고 있던 중국공산당으로서는 후방의 안정을 위해 조선인들의 요구나 '한반도 조국관'을 강력하게 탄압할 수 없었기 때문이다. 당시 연변 조선인의 위상에 대한 중국공산당의 문서들은 이들이 연변 조선인의 '한반도 조국관'을 유연한 시선으로 바라보고 있었음을 드러내준다. 1948

년에 작성된 두 건의 문서를 살펴보자.

첫 번째 문서는 중국공산당 연변지방위원회가 1948년 8월 15일에 작성한 〈연변지방위원회의 연변민족문제에 관하여〉다. 이 문서에서 연변 조선인의 특징 중 첫 번째로 꼽은 것은 "조국이 있는 소수민족"이라는 점이었다. 그리고 이들은 "조선 조국사상", 즉 한반도, 특히 북한을 조국으로 여기는 생각이 짙다고 지적하고 있다. 따라서 연변 조선인들의 소수민족 지위를 확정하고 민족평등 정책을 관철하되, "조국이 있는 소수민족이라는 특징"을 반드시 인정해야 한다는 것이 당시 중국공산당 연변지방위원회의 판단이었다.

다음으로 당시 중국공산당 연변지방위원회 최고위 간부 리우쥔 시우劉俊秀가 집필한 〈민족정책 가운데의 몇 가지 문제(초안)〉가 있다. 이것은 북한에 공식적인 정부로서 조선민주주의인민공화국이 수립된 이후인 1948년 12월 9일에 작성된 것이다. 이 문서 역시 조선인을 소수민족, 나아가 "중화민주공화국의 일부분"으로서 규정하면서도, 이들이 "자기의 조국"을 가지고 있다는 점을 인정해야 한다고 했다. 여기에서 조국은 "조선민주공화국", 즉 북한을 의미하는 것이었다. 무엇보다 중요한 것은 "조국"이 제국주의의 침략을 받을 때에는 조선인들이 "조국을 보위해야 한다"고 명시함으로써, 연변 조선인이 한국전쟁에 참전할 수 있는 길을 열어 놓았다는 점이다. 그리고 이것은 실제 한국전쟁이 발발했을 때 그대로 실현되었다.

'조국'으로!: 연변 조선인들의 한국전쟁

한국전쟁이 발발하기 5개월 전인 1950년 1월, 중국 중앙인민혁명
군사위원회는 관내³ 지역에서 국공내전에 참가하고 있던 조선인
대원들을 북한으로 보내기로 결정했다. 중국의 이 같은 결정은 북
한의 요청 때문이기도 했지만, 조선인 대원들이 귀국을 열망했기
때문에 가능했다. 특히 중국인민해방군 제156사단은 사단 내 조
선인 비율이 높아 '조선사단'이라고 불리기도 했는데, 이 부대에
소속된 조선인 대부분은 중국공산당이 만주에서의 국공내전을 치
르기 위해 만주 전역에서 모병한 사람들이었다. 제156사단 소속
조선인들은 만주에서의 국공내전이 끝난 이후에도 계속 남하하게
되자 이를 거부하고 동요하기 시작했다. 조선인 병사들은 이제 자
신들이 없어도 국공내전에서 중국공산당이 승리할 수 있으니 "조
선으로 돌아가면 좋겠다"고 생각하거나, 북한으로 가서 군인이 되
면 더 나은 대우를 받을 수 있다고 기대하기도 하였다.

    제156사단의 조선인 대원들은 하남성河南省 정주鄭州에 집결한
여타 부대의 조선인들과 합쳐 제4야전군 독립 15사단을 결성했
다. 독립 15사단의 사단장을 맡았던 조선인 전우全宇는 조선인 대
원들에게 "조국으로 돌아가 조국의 통일에 종사하고 남조선 인민
을 해방해야 한다"고 강조했다. 중국 정부 또한 "조선인들이 자기
조국으로 돌아가 보위保衛에 나서는 것은 그들의 권리이자 임무"
라고 천명했다. 독립 15사단은 1950년 4월 압록강을 건너 북한으

〈그림 2〉 민주대동맹이 중심이 된 연변 조선인들의 반탁
운동 움직임을 보도한 《연변민보》 1946년 1월 8일자 기사.
《연변민보》는 민주대동맹의
기관지였다. 두 번째 문단의 "우리는 조선인으로써
조선의 민주독립을 촉진 지지하겠다는 취지에서"라는
표현은 이 당시 연변 조선인들이 어떠한
'조국 정체성'을 가지고 있었는지를
상징적으로 드러내준다.

〈그림 3〉 연변 조선인들의 한국전쟁 참전을 "조국을 수호하기"
위한 것이라고 보도한 《로동신문》 1950년 11월 6일자 기사.
연변 조선인들이 "조국으로 돌아갈 것"을 요구하였다는 표현도 눈에
띈다. 이 시기까지 북한은 연변 조선인들의 요구와 필요에 따라
언제든지 들어갈 수 있는 곳으로 인식되고 있었던 것이다.

로 들어갔다. 그 뒤 이들은 북한 조선인민군 복장으로 갈아입고 4월 18일 원산에 도착한 후 조선인민군 제12사단으로 개편되었다. 조선인민군에 편입되면서 이들은 "조선민주주의인민공화국 공민으로서 조국 앞에 신성한 의무를 이행할 것"을 맹세했다. 연변을 비롯한 재在만주 조선인들이 '북한의 공민'이 된 것이다.

한국전쟁은 연변에 거주하던 일반 조선인에게도 큰 영향을 미쳤다. 개전 직후 조선인민군이 3일 만에 서울을 점령하자 연길에서는 '서울 해방을 경축하는 준비위원회'가 만들어지는 등 북한과 다름없는 모습이 나타났다. 그러나 미국의 개입 소식이 알려지면서 열기는 순식간에 식었고, 연변 조선인 사회는 불안에 휩싸이면서 극도로 동요했다. 한국전쟁의 전개 양상에 따라 일희일비를 거듭하던 연변 조선인들의 모습은 연변 거주 중국인들이 중국인민지원군 참전 이전까지 한국전쟁에 별 관심이 없던 것과 뚜렷하게 대조되는 것이었다.

연변 조선인들의 한국전쟁 참전은 중국인민지원군 파병을 계기로 더욱 본격화하였다. 1950년 10월 8일 중국공산당 중앙위원회는 중국인민지원군 조직에 관한 명령을 정식으로 발표하였고, 19일 중국인민지원군이 압록강을 건넜다. '미국제국주의에 대항하고 조선을 돕는', 이른바 항미원조전쟁抗米援朝戰爭이 정식으로 시작된 것이다. 때를 같이 하여 중국 전역에서 항미원조운동이 대대적으로 전개되었다. 항미원조운동의 열기는 한국전쟁을 '자신들의 전쟁'이라고 생각했던 연변 조선인 사회에서 더욱 뜨겁게 달아

올랐고, 이는 곧 대대적인 참전운동으로 확대되었다. 연변 측 주장에 따르면 한국전쟁 기간 동안 연변에서 5,000여 명에 가까운 조선인 청년들이 입대하였고, 군인을 제외하고도 5,740명이 통역원·운수대·운전수 등으로 참전하였다.

　중요한 것은 열광적인 참전 물결이 '한반도 조국관', 더 정확하게는 '북한 조국관'에 기대고 있었다는 사실이다. 한국전쟁 시기 연변에서 발행된 신문은 "조국이 부르는 길, 힘차게 달려가자"거나, 연변 조선인들이 "조국전장"으로 출발했다는 기사를 쏟아냄으로써, 이들의 조국이 북한임을 가감없이 주장했다. 북한의《로동신문》도 연변 조선인들의 참전은 "조국을 수호하기" 위한 것이며, 이들이 한국전쟁에 가담하기 위해 "조국으로 돌아갈 것을 요구"한다며 연변 조선인들의 조국이 북한임을 분명히 하였다. 뿐만 아니라 미주 지역 동포들을 대상으로 발행한 신문《독립》역시 연변 조선인의 한국전쟁 참전을 "만주 조선 동포 조국 해방전에 참가"라는 제목의 기사로 보도하였다. 연변 조선인들의 '조국'이 북한이라는 사실은 이 시기 대부분의 사람들에게 의심의 여지없이 받아들여지고 있었다.

　하지만 역설적이게도 한국전쟁은 연변 조선인들의 '한반도(북한) 조국관'을 옅어지게 했다. 먼저, 이전까지 연변 조선인 사회에 형성되어 있던 일종의 '채권자 의식'이 사라졌다. 여기에서 '채권자 의식'이란 중국공산당의 항일투쟁·국공내전에 조선인/북한이 매우 큰 기여를 했다는 인식을 가리킨다. 다시 말해, 조선인/북한

이 아니었다면 중국공산당이 항일투쟁·국공내전에서 승리할 수 없었다는 것이다. 이러한 인식이 중국인민지원군이 참전하여 패망 직전의 북한을 '구원'함으로써 소멸하였다. 더불어 전쟁 분위기를 틈타 연변 조선인 사회에 대한 중국의 통제력을 강화하는 다양한 조치들이 시행되었고, 이를 통해 "조국이 있는 소수민족"임을 인정받았던 것으로 대표되는 연변 조선인 사회의 특수한 지위도 점차 약화되었다.

이에 따라 대략 1951년 후반기부터 한반도가 조선인들의 조국이라는 표현이 자취를 감추기 시작하였다. 이들의 조국으로 새롭게 등장한 것은 다름 아닌 중국이었다. 역사 교육에도 변화가 나타나, 연변 조선인들의 역사는 "본국", 즉 중국의 역사 속에서 취급하고 조선민주주의인민공화국의 역사는 세계사의 범위에서 가르치기 시작하였다. 이제 북한의 역사가 외국사의 영역이 된 것이다. 역사 과목은 민족의식을 심어주는 중요한 도구라는 점에서, 이 같은 변화는 조선인들의 '조국관' 변모를 의도한 것이라고 할 수 있다.

이상의 변화를 보여주는 중국공산당의 문서가 있다. 1951년 10월 연변지방위원회가 작성한 〈연변 민족지구 정황과 이후 공작의 몇 개 의견에 대한 초고〉가 그것이다. 이 문서에서 연변 조선인의 특징으로 거론한 것은 네 가지인데, ① 계급적 의식이 높다, ② 노동자 관념이 강하다, ③ 문화수준이 비교적 높다, ④ 조직성과 단결성이 풍부하다는 것이었다. 연변 조선인에게 조국이 있다는 것은 더이상 이들의 특수성으로 인정되지 않았다. 이어 조선인들에게 국제주의[4] 정신이 결여되어 있고, 몇몇 조선인이 종종 "협애한 민족주의" 관념에 빠져있다는 것을 지적했다. "협애한 민족주의"란 바로 '한반도(북한) 조국관'을 의미했다.

이처럼 한국전쟁을 거치면서 중국공산당은 연변 조선인들의 '한반도 조국관'에 서서히 압력을 가하기 시작했다. 이러한 통제와 중국공산당의 연변 조선인 사회에 대한 지배력 강화라는 상황 아래에서, 연변 조선인들도 '조국관' 변화에 조금씩 적응해갈 수밖에 없었을 것이다. 요컨대 연변 조선인들의 '조국관'은 해방 이후 중국과 한반도의 역사 전개 과정에 따라 지속적으로 변화했고, 현재 조선족들의 '조국관'은 이 같은 변화의 산물이라고 할 수 있다.

국가 중심적 역사 인식이 놓치고 있는 이야기

조선족들의 '조국관' 변화는 국공내전과 한국전쟁, 중국의 소수민족 정책과 사회주의 정치·사상운동 속에서 '한반도 조국관'이 점차 소멸하는 과정으로 이해할 수 있을 것이다. 이 글에서는 다루지 않았지만 문화대혁명[5] 시기의 소수민족에 대한 급진적 동화정책과 북한과의 인위적 관계 단절, 개혁개방 이후의 조선족 사회 변화 등으로 조선족들의 '민족의식'은 점차 약화되어 가는 추세다. 시간의 흐름에 따른 자연스러운 세대교체와 새로운 세대에 대한 중국의 강력한 중화민족주의 교육 역시 이런 경향을 강화하고 있다.

시간이 갈수록 중국의 민족주의 교육이 강화되고 이에 비례하여 조선족들의 '민족의식'이 약화된다면, 이 글에서 살펴본 '중국 조국관'을 갖기 이전의 연변 조선인 역사는 설 자리를 잃게 되거나 중국의 필요에 맞게 다시 쓰이게 될 것이다. 여기에는 만주에서 전개된 재만조선인의 독립운동도 포함된다. 이미 중국에서는 재만조선인의 독립운동을 '중국 내 소수민족의 활동 영역'으로 분류하여 서술하고 있다. 현재적 영토 관념의 과거 소급을 핵심으로 하는 이 같은 중국의 역사인식은 시간이 지날수록 더욱 첨예한 역사 갈등을 부를 것이다.

하지만 한국 역사학계는 이들의 역사에 거의 관심을 기울이지 않았다. 1945년부터 한국전쟁 이전까지 연변 조선인들의 역사를 한국사의 범주에서 해석한 연구는 매우 드물다. 단일 주제로는 가장 많은 연구 성과가 나와 있다는 한국전쟁 관련 연구에서도 연변 조선인의 목소리는 거의 찾을 수 없다. 북한 또한 다르지 않다. 북한에서도 연변 조선인의 역사는 비중 있게 다루어지지 않을 뿐 아니라, 언급되더라도 '북한 조국관' 일변도로 서술하고 있어 역사적 사실과는 거리가 멀다.

국가 중심적 역사인식으로 인해 한국과 중국, 북한 그 어디에도 '안착'할 수 없었던 1945~1952년의 연변 조선인 역사는 이렇게 세 국가 모두에게서 외면당하거나 해당 국가의 '입맛'에 맞는 역사로 왜곡·변형되었다. 국가에 의해 독점된 역사 서술이 수많은 '사람들'의 이야기를 사장死藏시키고 있다는 것을, 연변 조선인의 역사는 매우 잘 보여준다. 이것이 현 시점에서 중국인으로 자신을 규정하고 있는 조선족들의 조국관 변천사를 '역사적으로' 되돌아봐야 할 이유다. *문미라

12

세종'대왕'과 북방 '영토'

세종 이래 조선이 그토록 어렵게 유지해오던 4군과 6진 지역은
오늘날 우리가 대리만족을 느끼던
화려한 '정복지'도 '국경선'도 아니었다.

성군聖君 세종 '대왕'

한반도를 거쳐간 역사 속 수많은 군주들 중에 한국 사람들이 대왕
大王이라 부르는 사람은 고구려의 광개토대왕과 조선의 세종대왕
두 명뿐이다. 이 중 기록이 부실한 광개토대왕에 비해 조선의 세
종은 재위 32년간 정치·경제·사회·문화의 다양한 측면에서 여러

업적을 남긴 것이 확인되어 대왕이라는 호칭에 부족함이 없다고 할 만하다. 역사상 다른 군주들도 많은 업적을 남겼지만 어느 누구도 세종에 대한 한국인의 사랑과 존경을 넘보지는 못한다. 단적인 예로 현재 한국 화폐에 새겨진 인물 중 군주에 해당하는 인물은 오직 세종뿐이다.

고구려의 광개토대왕과 조선의 세종대왕, 두 사람의 공통점은 무엇일까? 여러 가지를 꼽을 수 있겠지만 필자는 이들이 국가의 영토를 확장시켰다는 공통점을 지적하고 싶다. 세종의 수많은 업적 중에서도 4군 6진四郡六鎭으로 대표되는 북방 영토의 확립은 손가락 안에 꼽히는 중요한 업적으로 평가되곤 한다. 여기서는 조선 세종(이하 세종)의 북방정책에 대해서 살펴보고 우리가 지금까지 가져왔던 '국토國土'에 대한 이미지와 오늘날 우리에게 '대왕'으로 확고하게 자리한 세종시대에 대해 지금까지와는 다르게 생각해보는 기회를 가져보고자 한다.

북방 영토의 확정, 4군과 6진

세종을 한마디로 표현하자면 수성守成의 군주라고 할 수 있다. 할아버지인 태조가 조선을 건국하고 아버지인 태종이 반대세력을 거침없이 숙청하여 조선이라는 나라의 기틀을 세운 창업의 군주였다면, 세종은 문물을 장려하고 제도를 정비하여 조선을 반석 위에 세운 인물로 평가된다. 우리가 교과서에서 익히 들어왔던 집현전 설립, 《삼강행실도》와 《농사직설》 편찬, 훈민정음 반포, 측우기와 같은 과학기술의 발달과 공법貢法으로 대표되는 세제의 개편, 예악禮樂의 정비 등은 모두 세종시대에 있었던 주요 사건이다. 세종은 재위 32년이라는 기간 동안 이 모든 사업을 지휘하고 이끌었다. 누가 뭐라 하더라도 세종이 탁월한 군주였음은 부정할 수 없는 사실일 것이다.

세종의 수많은 업적 중에서도 지금까지 큰 영향을 끼친 사건 한 가지를 꼽으라면 4군 6진의 설치를 들 수 있다. 4군은 평안도의 여연閭延·우예虞芮·무창茂昌·자성慈城에 해당하는 4개 지역을 말하며 6진은 함경도의 경원慶源·종성鍾城·경흥慶興·회령會寧·온성穩城·부령富寧에 해당하는 6개 지역을 의미한다. 본래 이 지역은 조선 건국 당시만 하더라도 조선의 직접적인 영향력이 미치지 않던 곳이었다. 조선은 이 지역에 거주하고 있었던 여진과 때로는 호의적인 관계를 유지하기도 하고 때로는 적대적인 관계를 맺기도 하였다. 임진왜란 이전까지 조선의 군사 방어체제는 사실상 북방의 여진을 대상으로 했다고 해도 과언이 아닐 정도였다. 때문에 조선은 이 지역의 방어에 상당한 관심을 기울였다. 그 결과 군사적 요충지에 행정구역을 설치하고 방어체제를 굳히도록 하니 이것이 4군과 6진의 설치였다.

필자가 세종의 여러 업적 중에서도 4군과 6진의 설치를 강조한 것은 이 사건으로 말미암아 조선이 현재 한반도의 범위에 해당하

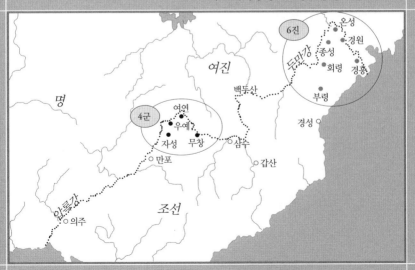

<그림 7>
7차 교육과정 중학교 《국사》 중 '4군과 6진'.

는 영역으로 진출했기 때문이다. 그리고 이 업적은 세종이 단순히 내치에만 관심을 가지지 않고 현대 한반도의 영역으로 국토를 확장한 '대왕'이었음을 드러내는 근거가 되었다.

……그리하여 세종 때에는 압록강 방면에 최윤덕을 파견하고, 두만 강 방면에 김종서를 파견하여 여진의 무리를 몰아내고 4군과 6진을 설치하였다. 이후 이 곳은 조선의 영토가 되어 북쪽의 국경선으로 확정되었다.

– 7차 교육과정 중학교 《국사》 중

……조선은 영토의 확보와 국경 지방의 안정을 위하여 여진에 대하 여 적극적인 외교정책을 펴나갔다. 우선 태조에 의하여 일찍부터 두만강 지역이 개척되었다. 이어 세종 때에는 4군과 6진을 설치하 여 압록강과 두만강을 경계로 하는, 오늘날과 같은 국경선을 확정 하였다.

– 7차 교육과정 고등학교 《국사》 중

역사교과서는 4군과 6진 설치의 의미에 대해 좀 더 명확하게 서술하고 있다. 즉, 현대인들은 이 지역의 설치를 오늘날과 같은 '국경선'의 확정으로 이해하고 있는 것이다. 이로써 고구려의 판도를 드넓은 만주로 확장한 광개토대왕과 함께 이미 500여 년 전에 오늘날의 국경선에 해당하는 지역으로 국토를 확장한 세종대왕의

'대왕'으로서의 서사가 완성되었다. 한국인들은 이들 대왕의 업적을 통해서 국토의 확장이라는 카타르시스를 간접적으로 경험하고자 했던 것이다.

조선의 사지死地 함경도

"고도유배孤島流配", "절도안치絕島安置" 흔히 사극에서 죄인을 유배 보낼 때 들리는 말이다. 고도는 외로운 섬, 절도는 외딴 섬을 의미한다. 이를 합쳐 절해고도라고도 하는데 모두 멀리 떨어진 유배지를 의미한다. 이곳으로의 유배는 곧 사지로 보내진다는 느낌을 준다. 그런데 조선의 유배지 규정을 살펴보면 유배지의 설정은 단순히 험한 오지라서 결정되는 것이 아니었다.

형조에서 아뢰기를, 죄를 저질러 유배시킬 곳을 일찍이 상세히 정하지 않아서 안팎 관리들이 임시로 요량하여 정하기 때문에, 멀고 가까운 것이 적당하지 못한 실수를 이루게 됩니다. 삼가 본조本朝에서 번역한 《대명률大明律》을 상고하옵건대 …… 윗 항목의 유배 죄수의 배소配所의 거리가 멀고 가까운 것은 각각 범인이 사는 곳에 따라 적당하게 정할 것이며 ……

−《세종실록》 권48, 세종 12년 5월 15일.

조선의 형법은 명의 《대명률》을 기반으로 했다. 따라서 유배도 《대명률》의 조항에 의거했다. 그러나 《대명률》의 등급에 따를 경우, 조선 안에서 3,000리 떨어진 곳으로 유배를 보내는 것은 현실적으로 불가능했다.[1] 따라서 조선에서는 《대명률》에서의 유배 등급인 2,000리, 2,500리, 3,000리에 해당하는 유배지를 조선의 실정에 맞게 다시 정해야 했다. 그렇게 만들어진 조선의 유배지 중 가장 높은 등급의 유배지는 지금의 함경도와 평안도였는데 그중 함경도는 가장 먼 유배지였다. 즉, 함경도에는 중죄인이 유배 가는 땅이라는 이미지가 있었다. 또한, 조선에는 '전가사변全家徙邊'이라는 형벌이 있었다. 이것은 죄를 지은 사람의 가족 모두를 변방으로 이주시키는 일종의 연좌제였다. 여기에서 변방이란 말할 것도 없이 함경도와 평안도였다. 주로 이 지역에 전가사변이 집중된 것은 해당 지역의 인구를 충원하기 위해서였다.

4군과 6진이 처음 설치되었던 세종대 당시 해당 지역에는 당연히 거주 인구가 부족했다. 세종과 신료들은 이 지역의 거주민을 확보하기 위해 상당히 고심했다. 그리하여 추진된 것이 바로 '사민徙民'이었다. 사민은 지금의 이주移住와 비슷한 말인데, 문자 그대로 "국가의 필요에 의해 백성을 옮겨 살게 하는 것"을 의미한다. 국가의 필요에 의해 이루어지는 사민은 왕조국가에서는 흔히 보이는 현상이지만, 조선에서의 북방사민은 상당히 오랫동안 대규모로 이루어졌다는 점에서 특이한 사례였다. 조선에서 대규모 사민의 서막이 열린 것은 세종 16년(1434)부터였다. 당시 조선은 함경도 지방에 훗날 6진이 되는 새로운 진鎭을 설치했는데 이 지역을 안정시키기 위해 최초로 대규모 사민정책을 추진하게 되었다.

사민은 단계적으로 실시되었다. 먼저 신설된 진에는 함경남도의 백성들 중 일부를 뽑아 채워 넣었고 이를 통해 발생한 함경남도의 공백은 하삼도下三道(충청도·전라도·경상도)의 백성들 중 일부로 메웠다.[2] 국가에 의해 백성들의 거주 지역이 변경되었다는 점에서 조선의 사민정책은 전근대 사회의 국가주도적이고 반강제적인 특성을 잘 보여주는 정책이라고 할 수 있다. 조선 왕조도 이를 의식하여 자원해서 사민에 응하는 사람에게는 입거入居 지역의 토지를 주거나 감세 혜택을 주는 등 상당한 특전을 약속하기도 했다.[3] 그러나 아무리 큰 이득이 보장된다 하더라도 본래 자신이 살던 터전을 버리고 멀고도 낯선 곳으로의 이주생활에 자원하는 사람은 드물었다.

함길도 감사 조말생趙末生이 상언하기를 …… 다만 고향을 그리워하는 것은 보통 일반 인물의 지대至大한 심정이며, 옮겨 가는 것을 중난重難하게 여기는 것은 사람의 마음이 동일한 것입니다. 더군다나, 부모를 멀리하고 형제를 떠나서 멀리 천리나 되는 곳에 옮겨 가서 사상질병死喪疾病의 경우에도 서로 소식을 듣지 못하게 된다면 이것은 백성들의 심정에 깊이 한탄하는 바가 될 것입니다.
－《세종실록》권62, 세종 15년 12월 21일.

양계兩界에 백성을 옮기는 것을 의논하는 자들이 모두 말하기를, '국가의 중한 일이니 그만둘 수 없다' 합니다. 신 등은 생각하기를, 고향을 떠나기를 즐겨 하지 않는 것[安土重遷]은 상물常物의 대정大情이온데, 지금 옮기는 인호人戶가 비록 자취自取이기는 하나, 모두 옛날에는 편안히 살아서 토착土着하였던 자들인데, 하루아침에 전려田廬를 버리고, 분묘墳墓를 버리고, 친척을 버리고 평소에 알지도 못하는 수천 리 땅에 가니, 그 마음의 애통하고 참측慘惻한 것이 어떠하겠습니까. 가는 자는 시체를 보내는 것 같고 행하는 자는 죽음에 나아가는 것 같아서, 큰 산 긴 골짜기 사이와 먼 역참驛站 긴 노정路程의 위에 늙은이를 부축하고 어린이를 끌고, 앞에서 끌고 뒤에서 당기고 하여, 슬피 부르짖고 하소하여 우는 소리와, 자빠지고 엎어지고 기는 모양을 …….

─《세종실록》 권112, 세종 28년 5월 3일.

당시 백성들에게 사민에 동원된다는 것은 죽으러 가는 것이나 마찬가지였다. 심지어 자해 또는 자살로 사민에 저항하는 사례까지 생겨났다. 세력이 있고 부유한 부호의 경우 향리와 공모하여 자신을 대신해 약하고 가난한 잔호殘戶를 사민에 응하도록 하는 경우도 있었다. 이렇게 사민에 자원하는 사람이 부족해지자 필연적으로 강제적인 조치가 수반되었다. 1차적으로는 불법적으로 사민을 피하는 사람들을 가장 먼 변방에 사민시키는 방법이 시행되었다. 이것이 이른바 앞서 말한 '전가사변'이었다. 그래도 백성들은 어떻게든 사민을 피하고자 하였고 이미 사민하여 입거한 백성들은 사방으로 도망쳐 또다시 새로운 사민 대상을 찾아야 하는 악순환이 계속되었다. 이렇게 되자 조선에서는 범죄를 저지른 사람 중 죄질에 따라 전가사변시키는 방법을 고안해냈다. 이제 사민은 하나의 처벌 형태가 되어버린 것이다. 그리고 백성들에게 북방 지역으로 이주한다는 것은 벌을 받는 것이나 마찬가지였다.

> 세자가 서연에서 강하는데, 윤참관輪參官 중추원 부사 권맹경權孟慶이 아뢰기를 …… "또 신이 유이流移하는 사람을 추쇄하는 소임을 겸하였사온데, 5진의 군민이 갑인년(세종 16) 이후로 죽은 자가 무려 2,000여 인이었습니다."
> ─《세종실록》권103권, 세종 26년 2월 3일.

게다가 사민한 사람들의 대다수는 입거 지역에 성공적으로 적응하지 못했다. 당장 사민 초반 무렵부터 전염병과 흉년으로 인해 2,000명이 넘는 사망자가 발생한 것이다. 이들이 재해를 이기지 못하고 사망한 것은 사민의 부작용이라고 해도 과언이 아니었다. 이리하여 조선의 백성들에게 함경도는 죄를 지은 범죄자들이나 가는 죽음의 땅으로 인식되기 시작했다. 어렵게 확장한 '영토'가 졸지에 사지死地가 된 것이다. 그리고 조선은 이 사지를 유지하기 위해 지속적으로 백성들을 입거시켜야 했다. 세종 이후에도 사민은 세조와 성종, 중종대에 이르기까지 조선의 주요 북방 안정책

이었다. 물론 입거지에서의 부적응으로 인한 사망과 이탈도 여전
히 계속되었다.

4군과 6진은 과연 조선의 '영토'였는가?

영토: 국제법에서, 국가의 통치권이 미치는 구역. 흔히 토지로 이루
어진 국가의 영역을 이르나 영해와 영공을 포함하는 경우도 있다.
– 국립국어원,《표준국어대사전》.

영토는 근대국가의 필수 요건 중 하나다. 국가의 요건을 갖추기
위해 특정 국가는 반드시 "명확한 영역Defined territory"을 가지고
있어야 한다. 이러한 개념에 따라 대한민국 헌법에서 정의하고 있
는 대한민국의 영토는 "한반도와 그 부속도서"다.[4]
그렇다면 4군과 6진이 설치되었던 지역은 조선의 '영토'였을까?
물론 이 지역은 세종 대 이후, 조선의 행정력이 미치는 판도 안에
들어오게 된다. 또한 이 지역이 현재 대한민국의 헌법에서 정의하
는 '한반도'의 범위 내에 있음도 부정할 수 없는 사실이다. 비록 현
재 해당 지역은 북한이 실효적 지배를 하고 있지만 그와는 별개로
한국인에게 한국의 영토는 '한반도'인 것이다. 따라서 한국인에게
4군과 6진 지역은 조선시대부터 조선의 '영토'였고 이것은 곧 의심
할 여지없는 대한민국의 역사적 '국토國土'인 것이다.

바로 여기에서 필자는 우리가 일반적으로 정의하고 있는 '영토'의 개념을 조선에도 그대로 적용할 수 있는지 의문이 든다. 단순히 근대법적 정의에 의해 국가의 통치권이 미치는 범위를 영토로 삼기에는 조선 당대의 인식과 상황이 현대와는 상당한 차이를 보였기 때문이다.

> 임금이 즉위한 이후에 ……의주에서 여연閭延에 이르기까지의 강과 접한 천 리에 고을을 설치하고 수령을 두고 압록강으로 국경을 삼았다. …… 천 리의 땅이 다 조선의 판도로 들어오게 되어 두만강으로 국경을 삼았다.
> ─《태조실록》 권8, 태조 4년 12월 14일.

일반적인 인식처럼 조선이 공식적으로 국가의 경계로 삼은 것은 압록강과 두만강이었다. 기본적으로 강은 방어에 유리한 지형이었기 때문이다. 그러나 압록강과 두만강이 항상 절대적 국경으로 작용하지는 않았다. 당장 월경越耕의 사례가 있었다. 월경이란 '월강경작越江耕作'의 준말로 '강을 건너 땅을 경작하는 행위'를 의미한다.

월경은 특히 평안도 지역에서 빈번하게 이루어졌는데, 백성들은 월경을 하지 않을 경우 생계가 어렵다는 이유로 정부에 월경허가를 요구했다. 그러나 월경은 방어에 용이한 강을 건너 이루어졌기 때문에 언제든 야인野人의 공격에 노출될 수 있었다. 따라서 조선에서는 공식적으로 월경을 금지했다. 그럼에도 월경에 대한 백성들의 열망은 계속되었고 결국 방어책을 구비한다는 전제하에 한시적으로 월경이 인정되기도 했다. 이순신의 부임지로 잘 알려진 함경도의 녹둔도鹿屯島 역시 대표적인 월강경작지였다. 이렇게 인정된 월경 가능 지역의 범위는 그때그때 달랐다. 이처럼 조선의 백성들에게 압록강과 두만강은 '국경Border'이라기에는 상당히 유동적인 하나의 '경계 지역Border land'이었다. 그리고 이러한 유동적 영역 인식은 강 밖뿐만 아니라 강 안에서도 마찬가지였다.

조선의 북방에는 건국 초부터 여진이라고 통칭되던 집단이 살고 있었다. 훗날 청나라를 세우게 되는 이들은 조선 전기까지는 각각 크고 작은 부족 단위로 모여 살면서 조선과 교류했다. 조선은 이들을 왜인倭人과 마찬가지로 야인野人 또는 적인狄人이라고 낮춰 불렀다. 심한 경우에는 이들의 풍속을 멸시하여 금수禽獸라고 부를 정도였다. 조선에서 여진에 대한 인식이 나빴던 것은 이들의 행동이나 태도가 일정하지 않아서 신뢰할 수 없었기 때문이었다. 그러나 이들에 대한 신뢰와는 별개로 북방 지역에 살던 조선의 백성들은 이들과 공존할 수밖에 없었다. 세종 대에 새롭게 설치된 6진 역시 본래 그 지역에 다수의 여진 부족이 거주하고 있었기 때문에 이들과의 동거는 필연적이었다.

조선 백성과 여진인들의 동거를 잘 보여주는 표현이 '성저야인城底野人'이다. 6진 지역은 진이 설치될 당시부터 여진에 대한 방어책의 구비가 큰 숙제였다. 이 지역의 기본적인 방어체제는 적의 공격이 있을 때, 주변에 거주하는 백성들이 모두 성으로 들어와서 방어하는 체제였다. 이처럼 6진의 백성들은 일반적으로 성 밖에서 거주하다가 위급할 경우 성으로 들어가곤 했다. 성 근처에서 거주하는 이들을 성저城底에 산다고 표현하였는데 성저에서 살고 있는 것은 비단 조선인뿐만이 아니었다.

> 함길도 도절제사가 승정원에 봉서奉書하기를, "야인의 부락이 경흥부慶興府의 성 밑에서부터 수빈강愁濱江까지 잇달아 뻗치었고, 모두 활 쏘고 말 타는 데 능하오며 그 수효도 매우 많사오니 ……."
> ―《세종실록》 권88, 세종 22년 1월 10일.

즉, 6진 내외에 거주하던 여진인의 거주 형태는 성 밑에 살던 조선인과 비슷했을 것으로 추정된다. 여진인 중에 성 가까이에 살던 이들은 '성저야인'이라 불리며 조선과 밀접한 관계를 유지하기도 했다. 성저야인들은 조선에 우호적인 부족이 많았으나 때때로 조선인과 마찰을 빚기도 하였고 심한 경우에는 다른 부족과 연합하여 성을 포위하고 공격하기도 했다. 이와 같이 압록강과 두만강 내에서도 조선인과 여진인이 잡거 형태로 거주하고 있었다. 언제적으로 돌변할지 모르는 이들과의 동거라는 특이한 형태는 이 지역의 영토 인식이 현대인들의 그것과는 달랐음을 보여주는 중요한 사례다. 조선인에게 압록강과 두만강은 분명 하나의 경계였으나 절대적인 '국경선'은 아니었던 것이다. 세종 이래 조선이 그토록 어렵게 유지해오던 4군과 6진 지역은 오늘날 우리가 대리만족을 느끼던 화려한 '정복지'도 '국경선'도 아니었던 것이다.

'대왕大王'에 가려진 그늘을 기억해야

세종은 4군과 6진의 설치를 통해 현재 한반도에 해당하는 '국가의 영토'를 확립한 국왕이 되었다. 근대 이후 영토의 확장이 곧 국력의 성장이라는 믿음 아래 많은 이들이 열망하는 국토 개척의 비원悲願을 세종은 해냈던 것이다. 그러나 당대에 만들어진 영역이 우리가 생각하는 영토와 같을까? 현재의 인식과 당대의 인식이 서로 다를 수 있고, 당대의 사건을 현대적인 잣대로 이해하는 것에는 무리가 있다는 생각은 역사를 바라볼 때 항상 되풀이해야 할 의심이다. 그런 점에서 세종대의 4군 6진 설치를 '국토의 개척' 또는 '영토의 확장'이라는 근대적인 업적으로 단순 치환해버리는 오늘날의 인식에는 우려가 생긴다. 하물며 해당 업적의 반대급부로 상당한 희생이 뒤따랐다면 이러한 평가는 더더욱 어려워진다.

4군과 6진을 설치한 세종은 설치와 비교도 되지 않을 만큼 힘들게 해당 지역을 유지하고자 노력했다. 노력에는 필연적으로 백성들의 희생이 뒤따랐다. 당시 조선의 백성들에게 함경도는 죽음의 땅이 되었지만 이를 통해 4군 6진은 '국토'로 남을 수 있었다. 세종의 정책은 성공하기도 했지만 실패하기도 했다. 그러나 현재를 살아가는 우리는 그 성공의 찬란함에만 집중하고 이를 뒷받침한 수많은 희생은 외면한다.

세종世宗은 묘호廟號다. 묘호는 국왕이 사망한 뒤 후대가 그의 업적을 기리고 평가하여 붙이는 왕의 다른 이름이다. 그리고 세종은 전근대 사회에서 최고의 군주에게 부여되는 묘호였다. 따라서 세종은 당대에 이미 최고의 칭호를 받은 것이다. 여기에도 모자라 현대인들은 세종에게 '대왕'을 추가하였다. 현대인들은 과연 세종 '대왕'에게서 무엇을 보고 싶은 것인가? *조용철

13

한국 고대사에서
사라진 낙랑군·대방군
사람들

낙랑군·대방군 사람들은 역사교과서에서 사라졌지만,
고구려와 백제가 고대국가로 성장하는 데
도움을 준 중요한 사람들이었다.

"한漢은 위만 조선의 옛 땅에 낙랑군 등의 군현을 설치하였다. 낙랑
군은 일부 중국계 유민과 기존의 토착사회를 기반으로 하여 운영되
었고 교역과 문화교류의 중심지가 되었다. 하지만……결국 고구려
에 의해 축출되었다."

– 국정 고등학교 한국사 교과서 현장검토본(2016. 11. 28).

지난 2016년에 발표된 국정 고등학교 한국사 교과서 현장검토본에서는 낙랑군을 고구려에 의해 쫓겨난 것으로 묘사한다. 낙랑군의 운영방식을 언급하지만, 여기 살던 '사람들'이 한국 역사에서 어떤 역할을 했는지는 말하지 않는다. 낙랑군 남쪽에 설치되었던 대방군은 아예 등장조차 하지 않는다.

낙랑군·대방군에 살던 '사람들'은 한국사에서 아무런 중요성도 갖지 않는 것일까? 그래서 교과서에서 사라진 것일까? 그러나 학계의 연구에 따르면, 낙랑군과 대방군의 '사람들'은 삼한, 가야, 고구려, 백제, 신라 등의 발전에 분명한 역할을 했다. 특히 낙랑군은 420여 년 동안 존속하면서, 고조선 토착문화를 유지하는 한편으로 중국의 문화를 받아들여 나름의 문화를 만들어나갔고, 이것을 한반도의 다른 지역에 전해주기도 했다.

과거 일본의 식민주의 역사학에서는 낙랑군과 대방군을 중국의 식민지로 취급하고, 한민족의 타율성을 강조했다. 이와 달리 한국의 민족주의 역사학에서는 중국의 식민지인 낙랑군과 대방군을 민족의 힘으로 쫓아냈다고 이해했다. 양자 모두 낙랑군·대방군을 중국의 식민지로 보고 '우리 민족'의 역사에서 제외했던 것이다. 70년대 이후, 국정 역사교과서에서는 '우리 민족'을 역사 서술의 주인공으로 삼아 고대사를 서술했다. 이 과정에서 '우리 민족' 바깥의 낙랑군·대방군 '사람들'은 교과서에서 사라졌다. 낙랑군과 대방군은 '우리 민족'이 쫓아내야만 하는 '식민지'였다.

그런데 '우리 민족'이라는 한글 단어 속에는 '국민nation'과 '종족

ethnic group'의 의미가 뒤섞여 있다. 특히 '국민nation'이라는 개념
은 근대 이후에야 더욱 분명해진다. 낙랑군·대방군 '사람들'은 현
대의 대한민국 국민, 중화인민공화국 국민도 없던 고대의 사람들
이었다. 과연 이들은 '우리 민족'이 아닌가?

더 나아가, '식민지'라는 개념은 자본주의와 제국주의 아래에서
탄생한 근대 개념이다. 낙랑군·대방군은 현대의 자본이나 제국과
관련 없는 고대 중국 행정기구였다. 과연 이들은 중국의 '식민지'
인가?

'낙랑군·대방군은 중국의 식민지였다,' 혹은 '낙랑군·대방군 사
람들은 우리 민족이 아니다'라는 생각은 결국 근대 민족이나 식민
지 개념을 바탕으로 고대사를 바라보는 것에 불과하다. 고대사회
에는 대한민국도, 자본주의도, 제국주의도 없었다. 낙랑군·대방군
사람들은 근대 민족과 식민지 개념이 없었던 시대를 살고 있었다.

낙랑군과 대방군, 그곳 사람들

낙랑군은 기원전 108년에 한漢이 위만조선을 멸망시키고 설치한 4
개의 군, 즉 한사군漢四郡 중에 하나였다. 한사군은 낙랑, 진번, 임
둔, 현도 등 4개의 군을 말하며, 그중에 낙랑군은 위만조선의 마지
막 중심지였던 평양 지역에 설치되었다. 우리는 흔히 한사군을 한
국 역사 안에 있었던 중국 '식민지'라고 생각하곤 한다. 그렇다면

한사군 중에 가장 오래 유지되었던 낙랑군 사람들은 모두 '중국 사람'이었을까?

　일본의 식민주의 역사학에서는 낙랑군을 중국이 설치한 '식민지'로 이해하고, 지배층을 중국 사람, 피지배층을 고조선 사람으로 보았다. 조선 역사의 주체성을 없애고 중국에 의한 타율성을 강조하기 위해서였다. 이를 통해 '낙랑군=중국 식민지'라는 이미지가 만들어졌다. 이에 반해 한국의 민족주의 역사학에서는 한민족이 성장하여 낙랑군이라는 식민지를 우리 영토에서 몰아냈다고 이해했다. 나아가 낙랑군과 같은 식민지가 처음부터 한민족의 땅인 한반도에 없었고, 멀리 요동이나 요서 지역에 있었던 것으로 보기도 했다. 낙랑군을 중국의 식민지로 보았다는 점에서, 두 역사학의 이해에는 공통점이 있다.

　그러나 '식민지'는 자본주의, 제국주의, 그리고 민족주의와 함께 등장한 근대 개념이다. 이러한 '식민지' 개념으로 낙랑군을 볼 경우, 원래 그 땅에 살고 있던 고조선 사람들과 낙랑군 멸망 이후 사람들의 삶을 제대로 파악하기 힘들다. 이런 이유로 최근 한국 학계에서는 각종 사료와 무덤, 유물에 근거하여 낙랑군 사람들의 실제 삶에 주목한다.[1]

　특히 무덤은 과거 사람들의 문화를 가장 잘 보여주는 자료다. 사람들은 자신의 조상을 묻는 무덤 양식을 쉽게 바꾸지 않기 때문이다. 한 지역의 무덤 양식이 변화했다면, 당시 사람들의 문화에 큰 영향을 끼칠 만큼의 종교, 사회 변화가 찾아왔거나, 아예 다른 문화를 가진 사람들이 옮겨와 살았을 가능성이 크다.

낙랑군이 설치된 기원전 108년 즈음에 이 지역에서 만들어졌던 무덤은 나무곽무덤이었다. 나무곽무덤은 땅을 판 뒤에 나무로 곽을 만들고, 그 안에 시신과 각종 부장품을 묻는 무덤을 말한다. 이러한 무덤은 낙랑군 설치 이전부터 존재했는데, 그 안에는 세형동검이나 고조선 계통의 유물이 묻혔다. 낙랑군 설치 이후에도, 나무곽무덤에는 한漢 계통의 유물과 고조선 계통의 유물이 같이 묻혔다. 한이 고조선을 멸망시키기고 낙랑군을 설치했으나, 이곳 사람들 중 다수는 여전히 고조선의 전통문화를 유지하고 있었다. 그 후 시간이 흐름에 따라 낙랑군 무덤에는 중국에서 건너온 유물도 많이 묻혔다. 이 과정에서 중국계 사람들과 고조선계 사람들이 서로 융합되면서 '낙랑 사람'이 되었다고 보는 견해도 있다.[2]

중국 문화가 낙랑군으로 점차 유입되면서, 기존의 나무곽무덤 전통 위에 새롭게 벽돌무덤이 만들어졌다. 벽돌무덤은 흙을 구워서 만든 벽돌로 무덤방을 만들고 시신과 부장품을 묻은 무덤을 말한다. 낙랑군 사람들은 자신들의 전통적인 나무곽무덤 양식에 더하여 벽돌무덤을 천천히 받아들였다. 즉, 이들은 자신의 토착문화와 중국의 문화를 한데 섞는 융합을 시도했다.

그런데 대방군에서는 낙랑군과 다소 다른 양상이 나타났다. 2세기 이후 중국은 위魏, 촉蜀, 오吳의 삼국시대에 접어들었다. 이러한 혼란을 틈타 요동 지역에서 새롭게 공손씨 세력이 성장했다. 소설 《삼국지》에서 이름을 접해봤을 공손강, 공손연 등이 여기에 속한

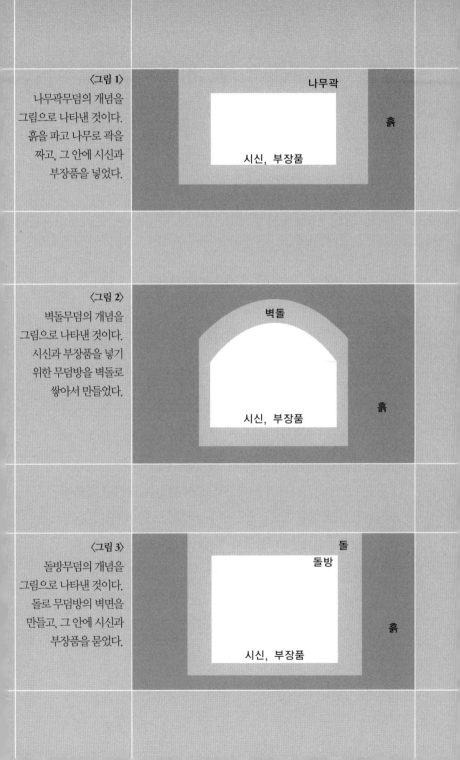

〈그림 1〉
나무곽무덤의 개념을
그림으로 나타낸 것이다.
흙을 파고 나무로 곽을
짜고, 그 안에 시신과
부장품을 넣었다.

나무곽

흙

시신, 부장품

〈그림 2〉
벽돌무덤의 개념을
그림으로 나타낸 것이다.
시신과 부장품을 넣기
위한 무덤방을 벽돌로
쌓아서 만들었다.

벽돌

흙

시신, 부장품

〈그림 3〉
돌방무덤의 개념을
그림으로 나타낸 것이다.
돌로 무덤방의 벽면을
만들고, 그 안에 시신과
부장품을 묻었다.

돌
돌방

흙

시신, 부장품

다. 공손씨 세력은 3세기 초에 낙랑군 남쪽 황무지에 대방군을 설치하고, 한반도 중남부, 일본 열도와 교류했다. 대방군 사람들은 군의 설치 초기부터 중국의 벽돌무덤을 사용했다. 대방군의 중심지인 황해도 지역에서 다수 발굴된 완성된 형태의 벽돌무덤이 이를 뒷받침한다.

낙랑군·대방군의 멸망

낙랑군, 대방군 사람들의 삶에 가장 큰 변화를 가져온 사건은 고구려의 공격이었다. 고구려의 제15대 미천왕은 313년에 낙랑군, 314년에 대방군을 각각 공격했다. 미천왕의 연이은 공격으로 낙랑군과 대방군은 마침내 멸망했다.

낙랑군의 멸망 이후, 이곳에 살던 사람들은 고구려로 끌려가거나 요동 지역으로 이주하기도 했다. 이러한 혼란 속에서도 일부 낙랑군 사람들은 이전부터 만들어오던 벽돌무덤의 전통을 지키고 있었다. 하지만 낙랑군 멸망 이후 고구려 문화는 낙랑군 지역에 전파되었고, 그 결과 고구려계 돌방무덤이 새롭게 나타났다. 돌방무덤이란, 커다란 돌을 다듬어서 무덤방을 만들고, 그 안에 시신과 부장품을 안치하는 무덤을 말한다. 낙랑군과 달리, 대방군 사람들은 고구려계 돌방무덤의 영향을 적게 받아들이면서, 여전히 벽돌무덤을 만들고 있었다. 고구려 문화는 대방군보다 낙랑군에 큰 영향력을 끼쳤다.

　그런데 낙랑군, 대방군 사람들이 군의 멸망 후에도 벽돌무덤을 계속 만들었다는 사실은 어떻게 알 수 있을까? 그 비밀은 벽돌 자체에 있다. 낙랑군, 대방군 사람들은 무덤에 사용되는 벽돌에 '누가', '언제' 만들었는지 새겨두었다.

　이들이 '언제'를 표기한 방식은 '간지干支'나 '연호年號'였다. 간지 표기법은 2018년을 '무술년戊戌年'으로 표기하는 것과 같은 방식인데, 대방군 사람들이 만든 벽돌에서는 '무신년戊申年'으로 표기한 것도 확인된다. 하지만 대부분의 벽돌은 중국 황제의 연호를 표기했다. 예를 들어, 352년에 만든 벽돌이라면, 345년을 원년(1년)으

	낙랑군 설치 기원전 108	대방군 설치 기원후 3세기 초	낙랑군 대방군 멸망 313, 314
낙랑군	나무곽무덤	벽돌무덤	돌방무덤
대방군		벽돌무덤	돌방무덤

〈표 1〉
낙랑군·대방군 무덤의 변화를 도표로 나타낸 것이다.
군의 멸망 이후에도 벽돌무덤의 전통이 얼마간 지속되었다.

로 하는 동진東晉의 연호 '영화永和'를 써서 '영화 8년'에 만들었다
고 표기하는 방식이다.

벽돌에 새겨진 간지와 연호를 분석해보면, 낙랑군, 대방군이 멸
망한 313년, 314년 이후에도 353년까지 수십여 점의 벽돌이 사용
되었음을 알 수 있다. 이러한 벽돌은 평양에서 출토된 1점을 제외
하면, 대부분 대방군이 있었던 황해도 일대에서 발견되었다. 353년
이후로는 404년에 만들어진 1점이 마지막으로 확인된다. 즉, 낙랑
군·대방군에서는 군의 멸망 이후 353년 무렵까지 벽돌무덤을 계속
만들었고, 낙랑군보다 대방군에서 더 많은 벽돌무덤을 만들었다.

여기에 주로 사용된 중국 연호는 동진東晉(317~420)의 연호이고,
이외에 후조後趙(319~352)의 연호를 쓴 경우도 있다. 동진은 현재
중국의 남경을 수도로 하여 양자강 유역에 있던 나라였고, 후조는
현재 중국의 하북성, 산동성 등에 있던 나라였다. 그런데 이 시기
중국의 연호는 길게는 10여 년, 짧게는 1년 동안만 사용되었다. 그
럼에도 낙랑군·대방군 사람들은 바다 건너 동진이나 후조의 연호
를 꾸준히 사용했다. 이것은 낙랑군·대방군 사람들이 이들 나라
와 계속 교류하면서 연호를 확인했음을 보여주는 징표다.

당시 중국 북쪽의 전연은 고구려, 후조와 적대관계를 지속하고
있었다. 고구려 지배 아래의 낙랑군·대방군 사람들은 전연前燕을
거치는 육로보다 황해를 건너는 해로로 후조, 동진과 교류할 수밖
에 없었다. 낙랑군·대방군은 설치 당시부터 한반도와 중국 대륙
사이의 교류에 큰 역할을 하였으므로, 그곳 사람들에게 황해를 건

〈그림 5〉벽돌무덤에 사용된 벽돌의 모습.
1933년의 발굴보고서에 실린 사진과 탁본이다. 영화9년永和九年이라는 동진東晉의 연호가 확인
된다(榧本龜次郎野守健,〈永和九年在銘塼出土古墳調査報告〉,《昭和七年度古蹟調査報告》, 1933).

〈그림 6〉황해를 중심으로 한 4세기 전반의 동아시아 지도.
한반도에 고구려, 낙랑, 대방, 백제, 신라가 있었고,
황해 건너 중국의 북쪽에 전연과 후조,
남쪽에 동진이 있었다.

너는 일은 그리 어렵지 않았을 것이다.

그렇다면, 낙랑군과 대방군 사람들은 어떻게 군의 멸망 이후에도 중국 연호를 사용한 벽돌무덤을 계속 만들 수 있었을까? 그리고 벽돌무덤이 353년까지 활발히 만들어지다가 급격히 감소하는 이유는 무엇일까? 벽돌무덤을 만들던 사람들은 어디로 갔을까?

낙랑군·대방군 사람들 떠나가다

고구려가 313년, 314년에 낙랑군·대방군을 멸망시키고, 곧바로 강도 높은 직접 지배에 들어갔다면, 그곳 사람들이 빠르게 고구려 문화를 받아들였을 수도 있었다. 그런데 당시 고구려는 서쪽 국경선에서 전연을 상대하느라, 남쪽까지 신경 쓸 여력이 없었다. 이 때문에 고구려는 낙랑군·대방군의 유력자를 통하여 간접지배를 했다.

이러한 상황 속에서 낙랑군·대방군 사람들은 동진, 후조와 교류하면서 중국 연호를 사용한 벽돌무덤을 만들었다. 물론 두 지역에서는 약간의 차이도 확인된다. 낙랑군 사람들은 비교적 빠르게 고구려계 돌방무덤을 받아들였지만, 대방군 사람들은 여전히 벽돌무덤의 전통을 지키고 있었다.

고구려는 355년부터 전연과 외교관계를 맺으면서, 서쪽 국경을 상대적으로 안정시키는 데 성공했다. 이후 점차 남쪽으로 시선을 옮겨 낙랑군과 대방군 지역에 대한 지배력을 강화했다. 고구려의 지배력 강화는 앞서 살펴본 이 지역 고고자료의 변화와 관련된다. 대방군 사람들은 353년까지 중국 연호를 사용한 벽돌을 많이 만들었지만, 그 후에는 중국보다 고구려의 연호를 사용했고 벽돌무덤보다 고구려 계통의 돌방무덤을 만들었다.

　그렇다면 이때부터 낙랑군·대방군 사람들은 모두 자연스럽게 '고구려 사람'이 되었을까? 대방군 사람들 중 일부는 고구려가 아닌 백제와 일본을 택한 것 같다. 일본 사료인《속일본기續日本記》에 따르면, 3세기에 중국에서 아지왕阿智王이라는 인물이 대방군으로 건너가 살다가 후에 일본으로 귀화하였다. 아지왕은 귀화하면서 "대방군 사람들이 모두 재주가 있는데 백제와 고구려 사이에 살면서 마음속으로 아직 거취를 정하지 못했다"며, 그들을 모두 일본으로 불러들일 것을 요청했다고 한다.

　재주가 많은 대방군 사람들은 북쪽의 고구려, 남쪽의 백제 사이에 살면서, 거취를 정하지 못하고 있었다. 선택의 기로에 서 있던 대방군 사람들 중에는 그대로 고구려의 지배를 받으며 살아간 경우도 있었지만 백제를 선택하여 남쪽으로 내려간 사람들도 있었다. 백제는 대대로 대방군과 우호적인 관계였다. 백제왕이 대방왕의 딸과 결혼하기도 했고, 백제군이 대방군에 쳐들어온 고구려군과 싸운 적도 있었다. 따라서 대방군 사람들 중 일부는 고구려의 지배를 피해, 예전부터 우호적이었던 백제로 내려간 것으로 보인다.

고구려·백제에 선진 문물을 전하다

낙랑군은 420여 년간 유지되면서, 중국의 한자문화와 행정제도를 비교적 폭넓게 활용하고 있었다. 낙랑군 사람들의 한자문화와 행정제도는 군의 인구를 상세히 기록한 나무판(초원初元 4년 호구부戶口簿 목독木牘)이 발견되면서 눈으로 확인할 수 있게 되었다. 대방군은 100여 년의 짧은 시간 동안 유지되었지만, 중국과 한반도, 일본열도 사이의 항로를 관리하면서 중국의 한자문화와 항해술, 조선술 등의 기술을 활용했다. 그렇다면 이 지역에서 살았던 낙랑군, 대방군 사람들은 고구려와 백제에서 어떠한 역할을 하였을까?

고구려는 낙랑군·대방군 지역을 차지하면서 남쪽으로 진출할 발판을 만든 후 장수왕 대에는 평양으로 수도를 옮기기까지 한다. 이 과정에서 낙랑군·대방군 사람들은 고구려에 한자문화, 행정제도 등을 알려주는 동시에, 중국과의 외교관계에서도 많은 활약을 했을 것이다. 외교관계에 필요한 통역, 문서 작성 등의 업무는 물론이고, 중국의 동진, 후조 등에 건너갈 수 있는 항해술, 조선술을 제공할 수도 있었다. 고구려는 이들을 새롭게 확보하면서, 해양활동의 무대를 압록강에서 황해로 확대할 수 있었고 중국 남쪽에 있던 여러 나라들과의 교섭에도 적극적으로 참여하였다.[3]

낙랑군·대방군 사람들의 도움은 백제에서도 확인된다. 백제로 이주한 낙랑군·대방군 사람들은 백제에 중국의 문물과 기술을 전파하고 외교문서의 작성과 통역 역할을 하였다. 중국에 파견된 백제 사

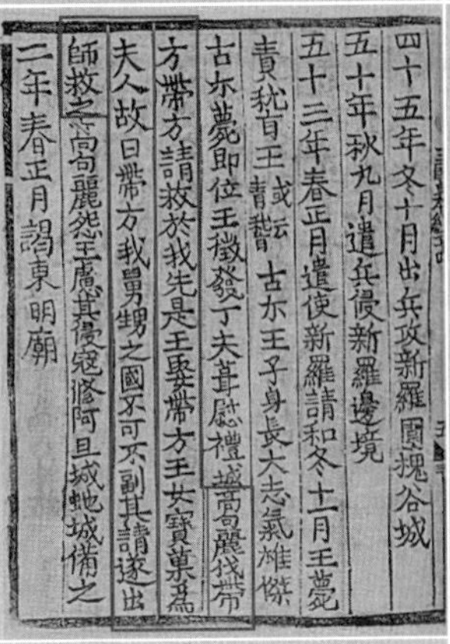

〈그림 7〉《삼국사기》〈백제본기〉의 책계왕 기록.
대방왕의 딸과 백제왕이 결혼하였다는 내용이다.
대방군과의 우호관계를 보여준다(출처: 문화재청).

二年春正月詔東明廟
師救之高麗怨王慮其侵寇修阿旦城蛇城備之
夫人故曰帶方我舅甥之國不可不副其請遂出
方帶方請救於我先是王娶帶方王女寶菓為
古尒薨即位壬癸薨夫妻感禮常高麗找布
責稽王薨古尒王子身長大志氣雄傑
五十三年春正月... 遣使新羅請和冬十一月王薨
五十年秋九月遣兵侵新羅邊境
四十五年冬十月出兵攻新羅圓擭谷城

〈그림 8〉 초원 4년 호구부 목독의 복원품.
낙랑군의 인구 등을 나무판에 한자로 상세히 기록하였다.
(국립중앙박물관 '문자, 그 이후–한국고대문자전'(2011), 필자 촬영).

신 중에는 낙랑군·대방군 사람의 후예로 보이는 인물도 있었다. 《송서宋書》와 《남제서南齊書》에는 장위張威, 회매會邁 등 백제 사신의 이름이 남아 있다. 이들은 일반적으로 대방군 지역 벽돌무덤에서 확인되는 장張, 회會 등의 성씨를 지닌 대방계 인물로 파악된다.

　백제의 북쪽에는 고구려가 버티고 있었고, 중국의 북쪽에도 유목민 왕조들이 버티고 있었다. 이러한 상황 속에서 백제는 중국 남쪽의 여러 나라와 외교관계를 맺었다. 만약 낙랑군·대방군 사람들이 지니고 있던 항해술, 조선술 등이 없었다면, 백제가 바다를 건너 중국에 여러 차례 사신을 보내기는 어려웠을 것이다. 이 외에도, 낙랑군·대방군 사람들은 역사책의 서술, 제도의 정비 등에 많은 도움을 주었을 것으로 생각된다.[4] 물론 백제는 이전부터 황해 연안을 중심으로 해양력과 국력을 키워나가고 있었다. 여기에 낙랑군·대방군 사람들의 도움이 더해지면서, 백제는 한 단계 더 발전할 수 있었다.

　낙랑군·대방군 사람들은 군의 멸망 이후에도 중국과 교류하면서 독자적인 문화를 유지하다가 점차 고구려와 백제에 흡수되었지만, 고구려와 백제가 고대국가로 발전하는 데 일정한 역할을 했다. 흔히 우리는 낙랑군·대방군 사람들을 '중국 사람'으로 생각하거나, 한민족과 관련 없는 사람들로 여긴다. 그러나 이들도 나름대로의 기술과 문화를 키우면서 살아가고 있었다. 그리고 군의 멸망 이후에 고구려, 백제로 흡수되어, 한국사 속 고대국가의 발전에 많은 영향을 끼쳤다. 낙랑군·대방군 사람들은 역사교과서에서

사라졌지만, 고구려와 백제가 고대국가로 성장하는 데 도움을 준 중요한 사람들이었다. *임동민

주석

1부 '낮은 곳'에 있는 존재

01. 조선시대 사람들의 이름 짓기와 부르기

1. 이 사건에 대해서는 《成宗實錄》 권82, 8년 7월 7일에서 9월 5일까지의 기사에 자세하다.

2. 金文昌, 〈고유어식 사람 이름에 대하여〉, 《새국어생활》 1권 1호, 1991, 국립국어원.

3. 조선시대 여성 이름에 대한 이야기는 아래의 선진적 연구에 바탕을 두었다. 曺圭泰, 〈朝鮮 時代 女子 이름의 語學的 考察〉, 《女性問題研究》 9, 1980, 대구효성가톨릭대학교 사회과학연구소; 김하라, 〈조선 여성의 이름에 대한 고찰〉, 《한국고전여성문학연구》 27, 2013, 한국고전여성문학회

4. 김종택, 〈한국인의 성명정착 과정연구〉, 《국어교육연구》 23, 국어교육학회, 1991, 25쪽.

02. '을'들의 전쟁, 1925년 예천사건

1. 〈예천사건 공판. 각각 8개월 구형〉,《조선일보》1926. 3. 26.

2. 〈형평축하식 분규〉,《동아일보》1925. 8. 14.

3. 종로경찰서장, 〈京鍾警高秘 제9307호의 1 예천형평사건 대책집회에 관한 건〉, 1925. 8. 20. 3쪽,《檢察事務에 關한 記錄 2》, 국사편찬위원회 한국사데이터베이스.

4. 대구지방법원 안동지청, 〈남흥세 외 22명 예심결정서〉, 1925. 11. 30, 5~6쪽.

5. 〈오백여 농민 형평사를 습격〉,《동아일보》1925. 8. 25.

6. 〈살기충천한 예천〉,《조선일보》1925. 8. 16.

7. 田中武雄, 〈當局의 方針은 이러하다〉,《신민》5, 1925. 9. 1, 65쪽.

8. 〈예천 걸인 격증〉,《동아일보》1925. 4. 14.

9. 대구지방법원, 〈남흥세 외 12인 판결문〉, 1926. 4. 29, 1쪽.

03. 육남매 아빠(1915~1994)의 중산층 가족 도전기

1. 본 글은 2017년 2월 12일 진행된 김상음씨의 첫째 아들 김**씨의 구술과 2017년 4월 23일 진행된 김 씨의 딸 김**씨와 둘째 며느리의 구술, 그리고 2017년 5월 7일에 진행된 김 씨의 막내아들 김**씨와의 구술을 바탕으로 서술되었다. 본문에서는 구술상의 내용이 충돌되는 경우에 한해서만 별도의 각주를 달고 이외에는 생략토록 하겠다.

2. 1983년 2월 25일 한국군과 주한미군의 훈련에 대응해 북한은 준전시 상태를 선포했다. 당일 로켓 사격 훈련을 위해 평안남도 개천비행장을 이륙한 북한 공군의 미그 19 전투기 한 대가 귀순하겠다는 뜻을 밝혔고, 남한 공군은 수원비행장에 안전하게 착륙시켰다. 전투기에 타고 있는 인물은 북한 공군 이웅평 상위였고, 귀순 이후 남한 공군 대위가 되었다.
   이 귀순사건으로 인해 서울 상공에는 "국민 여러분 여기는 민방위본부입니다. 경계 경보를 발령합니다. 이 상황은 실제 상황입니다!"라는 경계 경보가 울렸다. 이후 남북한 사이에는 긴장이 감돌았다.

3. 김 씨의 첫째 아들의 기억으로 장연면은 학이 많기로 유명한 지역이었다고 한다. 장연면은 1900년대부터 공립보통학교가 있을 정도로 은율군에서는 나름 큰 마을 중 하나였다.

4. 황해도는 식민지시기 다른 도시들에 비해 발전 속도가 늦었다. 가장 큰 지역이었던 해주조차 경의선 노선에서 제외되면서 1920년대 들어서야 인구가 더디게 증가했다. 이러한 성장은 1930년 12월 사리원에서 해주 사이에 황해선이 연장 개통되어 경의선과 연결되면서 촉진될 수 있었다.

5. 해방 직후 북한 지역에서는 인민들이 자발적으로 각지에서 인민위원회라는 이름의 임시 행정조직을 만들었다. 북한에 진주한 소련군은 민족주의자들이 다수를 점했던 인민위원회를 좌우합작의 방향으로 재조직하고 행정권을 이양했다. 이후 각 지역 인민위원회는 해당 지역의 행정을 총괄하는 지방행정기관으로 기능할 수 있었다.

6. 첫째 아들은 이때의 기억으로 자신의 아버지를 "약은 사람"으로 기억했다. '한국전쟁'을 겪으며 비슷한 일을 또다시 겪게 되는데, 여러 번 반복된 비슷한 경험은 김 씨를 "약은 사람"으로 기억하게 했던 것이다. 하지만 당시 '가장의 목숨'은 가족 모두가 생존할 수 있게 만들어주는 것이었고, 때문에 "약은 사람"은 "생활력이 강한 사람"이라는 기억으로 치환될 수 있었다. 자식들이 공통적으로 기억하는 김 씨는 "가족만을 위해 살았던 생활력 강한 가장"이었다.

7. '한국전쟁'이 시작되고 인민군이 장악한 지역에는 임시인민위원회가 설치되었다. 남한 점령 지역에 설치된 임시인민위원회는 전쟁 기간 동안 기존에 있던 남한의 행정기관을 대신해 권력기관으로 기능했다. 임시인민위원회는 남한 점령 지역에서 전쟁 승리를 위한 각종 지원을 수행했다.

8. 1965년 '금리현실화 조치' 이전 이른바 '사금융 시장'은 계속적으로 증가하는 추세였다. 1960년대 초반까지만 해도 민간에서는 고리의 사채와 계 등 불법사

채를 통해 목돈을 마련할 수 있었다. 김 씨의 부인은 경제사정이 좋아지자 생활비에서 남은 돈을 '이자놀이'에 썼다.

9. 때문에 1970년대로 접어들면서 서울시는 무허가 주택가를 양성화하겠다고 자신있게 이야기할 수 있었고, 실제로 70년대 후반으로 접어들면서 많은 양의 무허가주택은 '정상' 주택으로 인정받을 수 있었다. 그러나 이른바 '양성화' 정책은 건설업자들 입장에선 큰 이익을 담보할 수 없는 사업이었고, 결국 '양성화'에서 재개발로 정책이 돌아서야만 했다.

10. 영동1지구(현재 강남 일대)는 1967년 현재 2년 동안 30배가 상승하여 평당 3,000원을 호가했고, 신편입지구였던 시흥과 대방동은 무려 100배가 상승했다. 김포지구였던 화곡동의 경우 50배가 상승해 평당 2만 원을 육박했고, 불광지구의 경우 이미 택지가 조성되어 있으며 그 택지는 토지재벌들이 점유하고 있는 상태로 지가가 평당 7만 원까지 올랐다.

11. 〈중구—도심지정리·재개발등 중점〉, 《경향신문》 1976년 2월 3일자.

12. 그러나 결국 남산 지역 재개발 사업에서 김 씨가 머물던 약수동 지역은 제외되었던 것 같다. 현재까지도 김 씨가 살던 주택은 그대로 남아 있으며, 최근 들어서 주변 지역에 부분적으로 재개발이 이루어지고 있다.

13. 1966년 이후의 이러한 변화들을 고도경제성장의 사회적 반영이었다고 설명한다. 1970년대 더욱 본격화될 여가문화는 1970년대 고도의 상품화가 시작되면서 본격화되었고, 1980년대 대중소비문화가 폭발한 토대이기도 했다. 이러한 사회현상이 나타나게 된 것은 국가, 자본, 대중의 욕망이 우연적으로 합치되는 지점에서 일어난 힘겨루기의 결과물이었다. 송은영, 〈1960년대 여가 또는 레저 문화의 정치〉, 《한국학논집》 51, 2013, 88~89쪽.

04. 월남에서 온 그는 왜 '김 병장'이 아니었을까

1. 이 글은 다음의 글을 수정·보완한 것입니다. 권혁은, 〈구술을 통해 본 베트남

특수: 군인 해외근무수당을 둘러싼 오해와 베트남 특수의 계급별 경험 차이〉, 《인문과학연구》 제22집, 덕성여자대학교 인문과학연구소, 2016.

2. 제2차 경제개발 5개년계획 기간(1967~1971) 중 실질경제성장률은 9.7퍼센트에 달하여 목표치인 7퍼센트를 상회했다. 박태균, 《베트남전쟁-잊혀진 전쟁, 반쪽의 기억》, 한겨레출판, 2015, 226쪽.

3. 최용호, 〈한국군 베트남 파병시 해외근무수당 연구〉, 《군사》 제58호, 2006, 48쪽.

4. 파병 당시 한미 간의 협상내용을 보면, 양국 정부가 모두 해외근무수당과 전투수당을 별개로 취급한다는 것을 알 수 있다. 한편으로 2015년 10월 서울행정법원 행정7부는 원고가 전투근무수당 청구 근거로 삼은 군인보수법 제17조 "전시·사변 등 국가비상사태 때 전투에 종사하는 자에게 전투근무수당을 지급한다"가 베트남전 파병에 해당되지 않는다고 판단하여 청구를 기각했다. 《중앙일보》 2015년 10월 26일.

5. 최용호, 앞의 책, 2007, 39쪽.

6. MBC 〈이제는 말할 수 있다〉 제작진이 2004년 광주, 전남 지역에서 베트남전에 참전한 사병들(308명)을 조사한 결과 65.6퍼센트가 지원, 34.4퍼센트가 차출에 의해서 베트남에 파병되었다. 그러나 지원해서 간 사병들 중에서 27퍼센트는 지원이 아닌데도 지원서를 썼고, 34.5퍼센트는 지원서를 강제로 썼다. 이를 통해 전체의 74.7퍼센트가 자발적 지원자가 아니라는 것을 알 수 있다. 함평 지역의 참전 사병들을 대상으로 조사한 결과도 이와 유사했다. 박태균, 〈"매일 도망자 발생……돈과 백 있으면 다 빠졌다"〉, 《한겨레》 2014년 7월 12일.

7. 윤충로, 〈베트남전쟁 시기 '베트남 재벌'의 형성과 파월기술자의 저항-한진그룹의 사례를 중심으로〉, 《사회와 역사》 79집, 2008, 97쪽.

8. 윤충로, 앞의 책, 187쪽; 214~215쪽.

9. 같은 논문, 230쪽; 〈어제는 역전의 용사, 오늘은 산업의 일꾼〉, 《경향신문》 1966년 11월 26일; 〈파월장병 현지제대 난관에〉, 《동아일보》 1967년 2월 9일; 〈대월

경제 진출 현황, 삼년간의 실적과 전망〉, 《동아일보》 1968년 9월 17일; 〈월남경기 쇠락의 그늘〉, 《동아일보》 1969년 6월 24일.

10. 자세한 병력 통계는 국방부 군사편찬연구소, 《통계로 본 베트남전쟁과 한국군》, 2007, 39쪽 참조.

2부 '금기'시 된 존재

07. 식민지기의 '옥바라지'와 현재의 우리

1. 〈大飯生活의 所得 (下)〉, 《동아일보》 1920. 5. 9.

2. 김광섭, 〈獄窓日記〉, 《나의 獄中記》, 창작과비평사, 1976, 31쪽.

3. 金炯元, 〈身獄에서 心獄〉, 《日帝下獄中回顧錄 3》, 1977, 124쪽(《新民》 1926년 2월호).

4. 〈비상히 혼잡한 감옥〉, 《매일신보》 1919. 5. 15.

5. 玄憑虛, 〈赤道⑵〉, 《동아일보》 1933. 12. 21.

6. 〈獄中의 家族에게〉, 《동아일보》 1921. 3. 1.

7. 〈監獄에서 勤務하는 看守의 朝鮮人차별 行動에 對하야〉, 《동아일보》 1920. 5. 17.

8. 〈監獄食器變更問題 理由를 不可解〉, 《동아일보》 1920. 5. 27.

9. 〈鐵窓回顧 (6)〉, 《동아일보》 1925. 8. 2.

10. 〈自辯食糧ノ許否二關スル件〉(1916년의 전옥典獄회의), 《朝鮮刑務要》, 1927, 1063쪽.

11. 南基正 譯, 《日帝의 韓國司法府 侵略實話》, 育法社, 1978, 196쪽.

12. 〈峴底洞 刑務所〉, 《동아일보》 1924. 7. 29.

13. 강명순, 《양심범의 아내가 쓴 눈물의 수기》(1978. 4. 17), 28번째 이미지(민주화운동기념사업회 오픈 아카이브).

14. 한때 종로구청은 구정區政의 일환으로 옥바라지 골목을 유서 있는 골목길로 소개하는 데 적극적이었다. 2011년 11월에는 독립문역 3번 출구 앞에 "서대문

형무소 옥바라지 아낙들의 임시 기거 100년 여관골목"이라는 표지판을 세웠고, 2012년 1월부터는 무악동을 〈동네 골목길 관광 제6코스〉로 소개하는 팸플릿이 홈페이지에서 제공되었다. 이 팸플릿은 철거 고시가 난 2015년 7월 이후에도 제공되다가 2016년 9월경부터 옥바라지 골목이 삭제된 것으로 교체되었다.

08. '미신'이 된 무속

1. 《동아일보》 1922. 6. 27.

2. 이돈화, 〈民族的 軆面을 維持하라〉, 《개벽》 제8호, 1921. 2.

3. 외별, 〈무복巫卜이란 이런 것이외다—속지마시오〉, 《조선농민》 1926년 3월호.

4. 城東生, 〈여성과 미신〉, 《동아일보》 1929. 1. 29.

5. 〈미신과 여성〉, 《동아일보》 1938. 7. 14.

3부 '국가 '경계' 밖의 존재들

11. 연변 조선인들의 '조국'을 되돌아보다

1. 일반적으로 연변 지역은 현재의 연변조선족자치주 일대를 가리키며, 연길延吉·도문圖們·돈화敦化·화룡和龍·용정龍井·훈춘琿春의 여섯 개 시와 왕청汪淸·안도安圖의 두 개 현縣으로 이루어져 있다.

2. 중국에서 항일抗日전쟁이 끝난 후 중국 재건을 둘러싸고 중국국민당과 중국공산당 사이에 벌어진 국내전쟁을 의미한다. 두 당은 1946년부터 전면적인 내전에 돌입하였고 1947년을 기점으로 중국공산당 측으로 전세가 기울어져 마침내 중국공산당이 중국국민당을 타이완臺灣으로 몰아내고 1949년 10월 1일 중화인민공화국을 수립했다.

3. 만주 지역을 제외한 중국 본토를 가리킨다. 만리장성의 가장 동쪽이자 시작점에

위치한 관문인 산해관山海關의 안쪽이라는 의미로 관내關內라고 불린다.

4. 사회주의 국가에서 강조하는 국제주의(더욱 정확하게는 프롤레타리아 국제주의)는 전 세계에 존재하는 노동자 계급의 통일을 목표로 하여, 그들의 국제적 연대를 강조하는 정치사상이다. "만국의 노동자들이여, 단결하라"라는 〈공산당선언〉(1848)의 마지막 문장은 마르크스–레닌주의에서 강조하는 국제주의 정신을 집약적으로 보여주는 구호다.

5. 1966년부터 1976년까지 10년간 마오쩌둥毛澤東에 의해 주도된 사회주의운동이다. 문화대혁명 기간 중국에서는 급진적인 사회 변화를 추구하는 한편, 경직된 민족정책이 실시되었다. 이에 따라 중화인민공화국 건국 초기에 수립된 유연한 소수민족 정책과 소수민족의 특수성 등이 철저히 무시되었고, 소수민족에 대한 급진적인 동화정책을 추진했다. 여기에 조선족 사회도 예외일 수는 없었다.

12. 세종 '대왕'과 북방 '영토'

1. 태종 8년(1408) 당시, 도성에서 가장 멀리 떨어져 있던 함길도 경원의 경우 1,680리에 불과하여《대명률》의 유배 최저 등급인 2,000리에도 미치지 못하고 있었다(《태종실록》권4, 태종 2년 9월 3일 계미癸未).

2. 이상협,《조선 전기 북방사민 연구》, 경인문화사 24~30쪽 참조.

3. 앞의 책, 30쪽 참조.

4. 대한민국 헌법 제3조 "대한민국의 영토는 한반도와 그 부속도서로 한다."

13. 한국 고대사에서 사라진 낙랑군·대방군 사람들 이야기

1. 오영찬,《낙랑군 연구》, 사계절, 2006; 여호규,〈4세기 고구려의 낙랑·대방 경영과 중국계 망명인의 정체성 인식〉,《한국고대사연구》53, 2009; 송호정,〈한군현漢郡縣 지배의 역사적 성격》《역사와현실》78, 2010; 중앙문화재연구원 엮음,《낙랑고고학개론》, 진인진, 2014.

2. 오영찬, 《낙랑군 연구》, 사계절, 2006.

3. 이정빈, 〈4세기 전반 고구려의 해양활동과 황해〉, 《역사와실학》 59, 2016.

4. 정재윤, 〈중국계 백제관료에 대한 고찰〉, 《사총》 77, 2012.

참고문헌

1부 '낮은 곳'에 있는 존재

02. '을'들의 전쟁, 1925년 예천사건

《조선일보》, 《동아일보》, 《신민》

대구지방법원, 〈남홍세 외 12인 판결문〉 1926. 4. 29.

종로경찰서장, 〈京鍾警高秘 제9307호의 1 예천형평사사건 대책집회에 관한 건〉, 1925. 08. 20, 《檢察事務에 關한 記錄 2》(국사편찬위원회 한국사데이터베이스 출처)

김중섭, 《형평운동연구―일제 침략기 백정의 사회사―》, 민영사, 1994.

윤수종, 《농촌사회제도연구》, 전남대학교출판부, 2010.

정연태, 《식민권력과 한국 농업》, 서울대학교출판부, 2015.

김일수, 〈일제하 예천형평사 사건과 경북 예천지역의 사회운동〉, 《안동사학》 8, 2003.

최보민, 〈1925년 예천사건에 나타난 반형평운동의 함의〉, 《사림》 58, 2016.

03. 육남매 아빠(1915~1994)의 중산층 가족 도전기

박해천, 《콘크리트 유토피아》, 자음과 모음, 2012.

삐에르 부르디외, 최종철 옮김, 《구별짓기》, 새물결, 2006.

손정목, 《서울도시계획이야기》 1권, 한울, 2003.

기광서, 〈한국전쟁기 북한 점령하의 남한 인민위원회 선거〉, 《통일연구》 16-2, 연세대학교 통일연구원, 2012, 35쪽.

김예림, 〈1960년대 중후반 개발 내셔널리즘과 중산층 가정 판타지의 문화정치학〉, 《현대문학의 연구》 32권, 한국문학연구학회, 2007.

김재원, 〈1960년대 후반 서울시 주택정책과 '중산층' 문제 인식〉, 《한국사연구》 175, 2016.

권현정, 〈1970년대 근대 국가 논리 속에서 장려된 중산층 가정의 욕망과 허상의 젠더성〉, 《韓國文學論叢》 74, 2016.

서일수, 〈1930년대 海州의 도시기반시설 확충과 '식민권력'〉, 《한국사연구》 167, 2014.

송은영, 〈1960년대 여가 또는 레저문화의 정치〉, 《한국학논집》 51, 2013.

오자은, 〈중산층 가정의 욕망과 존재방식〉, 《국어국문학》 164, 2013.

이명휘, 〈1950~80년 한국 금융시장의 위기와 대응〉, 《사회과학연구논총》 22, 2009 참조, 《韓國文學論叢》 74, 2016, 272쪽.

임종수, 〈1960~70년대 텔레비전 붐 현상과 텔레비전 도입의 맥락〉, 《한국언론학보》 48-2, 2004 참조.

전현수, 〈1946년 북조선 도, 시, 군 인민위원회 선거〉, 《대구사학》 116, 2014, 171쪽.

한규무, 〈1900년대 김구의 황해도 장련·문화·안악 이주와 계몽운동〉, 《한국독립운동사연구》 45, 2013, 64쪽, 158~162쪽.

04. 월남에서 온 그는 왜 '김 병장'이 아니었을까

국방부 군사편찬연구소, 《통계로 본 베트남전쟁과 한국군》, 2007.

박태균, 《베트남전쟁-잊혀진 전쟁, 반쪽의 기억》, 한겨레출판, 2015.

윤충로, 《베트남전쟁의 한국 사회사》, 푸른역사, 2015.

최동주, 〈베트남 파병이 한국경제의 성장과정에 미친 영향〉, 《동남아시아 연구》
　제11호, 2001.

최용호, 〈한국군 베트남 파병시 해외근무수당 연구〉, 《군사》 제58호, 2006.

05. 공장새마을운동의 두 얼굴

김보현, 《박정희 정권기 경제개발–민족주의와 발전》, 갈무리, 2007.

김원, 《여공 1970, 그녀들의 反역사》, 이매진, 2006.

김준, 〈1974년 현대조선 노동자 "폭동"의 연구〉, 《사회와역사》 69, 2006.

임광순, 〈1970년대 노동통제전략의 구축과 붕괴〉, 《역사와현실》 102, 2016.

임송자, 〈1970년대 한국노총의 공장새마을운동 전개양상과 특징〉, 《한국근현대
　사연구》 52, 2010.

최장집, 《한국의 노동운동과 국가》, 나남출판, 1997.

3부 '금기'시 된 존재

06. 1950~60년대 한국의 여장남자

김대현, 〈1950~60년대 유흥업 현장과 유흥업소 종업원에 대한 낙인〉, 《역사문제
　연구》 39, 역사문제연구소, 2018.

김대현, 〈정신의학자 한동세韓東世의 문화정신의학과 여성 및 비규범적 성애·성
　별 배제의 성격〉, 《동방학지》 183, 연세대학교 국학연구원, 2018.

김대현, 〈'남자다움'의 안과 밖: 1950~70년대 한국의 비규범적 성애·성별 실천과
　남성성의 위치〉, 연세대학교 젠더연구소 편, 《그런 남자는 없다: 혐오사회에서
　한국 남성성 질문하기》, 오월의봄, 2017.

김대현(터울), 〈50~60년대 언론에 소개된 트랜스젠더, 간성, 남장여자/여장남자〉,

《친구사이 소식지》 59, 한국게이인권운동단체 친구사이, 2015. 5.

김대현(터울), 〈성과학과 우생학—제2의 성과 제3의 성〉, 《친구사이 소식지》 69, 한국게이인권운동단체 친구사이, 2016. 3.

김일란, 〈다른 세상 읽기: 1960년대의 여장남자와 남장여인〉, 퀴어이론 문화연구 모임 WIG, 《젠더의 채널을 돌려라》, 사람생각, 2008.

루인, 〈캠프 트랜스: 이태원 지역 트랜스젠더의 역사 추적하기, 1960~1989〉, 《문화 연구》 1-1, 한국문화연구학회, 2012.

07. 식민지기의 '옥바라지'와 현재의 우리

《동아일보》, 《조선일보》, 《매일신보》

강명순, 《양심범의 아내가 쓴 눈물의 수기(1978. 4. 17)》(민주화운동기념사업회 오픈 아카이브).

김광섭, 《나의 獄中記》, 창작과비평사, 1976.

南基正 역, 《日帝의 韓國司法府 侵略實話》, 育法社, 1978.

朴大熙 편, 《日帝下獄中回顧錄 3》, 1977.

朝鮮總督府法務局行刑課 編, 《朝鮮刑務提要》, 1927.

朝鮮治刑協會, 《朝鮮刑務所寫眞帖》, 1924.

08. '미신'이 된 무속

김성례, 〈일제시대 무속담론의 형성과 식민적 재현의 정치학〉, 《한국무속학》 24, 2012.

문혜진, 〈일제식민지기 숭신단체의 양상과 변화: 경성·경기 지역 숭신단체를 중심으로〉, 《민속학연구》 34, 2014.

윤해동·이소마에 준이치 엮음, 《종교와 식민지 근대》, 책과함께, 2013.

이용범, 〈무속에 대한 근대 한국사회의 부정적 시각에 대한 고찰〉, 《한국무속학》 9, 2005.

정유진, 〈박정희 정부기 문화재 정책과 민속신앙: 국사당과 밤섬부군당을 중심으로〉, 《역사민속학》 39, 2012.

최석영, 《일제하 무속론과 식민지권력》, 서경문화사, 1999.

09. 금기를 깨다! 신라왕실의 근친혼

서의식, 《新羅의 政治構造와 身分編制》, 혜안, 2010.

이기동, 《新羅骨品制社會와 花郎徒》, 일조각, 1984.

이종욱, 《新羅上代王位繼承研究》, 영남대학교 출판부, 1980.

장창은, 《신라 상고기 정치변동과 고구려 관계》, 신서원, 2008.

3부 국가 '경계' 밖의 존재들

10. 미군 포로심문보고서가 남긴 한국전쟁기 한 포로의 삶

Stephen E. Ambrose, *D−Day : June 6, 1944: The Climactic Battle of World War Ⅱ*, New York: Simon & Schuster, 1995.

길윤형, 《나는 조선인 가미카제다》, 서해문집, 2012.

김동춘, 《전쟁과 사회》, 돌베개, 2006.

김득중, 《'빨갱이'의 탄생》, 선인, 2009.

노영기, 〈1945~50년 한국군의 형성과 성격〉, 성균관대 박사학위논문, 2009.

전갑생, 《한국전쟁과 분단의 트라우마》, 선인, 2011.

조성훈, 《한국전쟁과 포로》, 선인, 2010.

11. 연변 조선인들의 '조국'을 되돌아보다

《연변민보》, 《동북조선인민보》, 《로동신문》, 《독립》

延邊朝鮮族自治州檔案局(館)編, 《中共延邊吉東吉敦地委 延邊專署重要文件匯編》1(1945. 11〜1949. 1), 1985.

延邊朝鮮族自治州檔案局(館)編, 《中共延邊吉東吉敦地委 延邊專署重要文件匯編》2(1949. 6〜1952. 8), 1986.

문미라, 〈《延邊民報》를 통해 본 해방 직후 延邊人民民主大同盟의 성립과 활동〉, 《한 국근현대사연구》69, 한국근현대사학회, 2014.

염인호, 《또 하나의 한국전쟁: 만주 조선인의 '조국'과 전쟁》, 역사비평사, 2010.

13. 한국 고대사에서 사라진 낙랑군·대방군 사람들

오영찬, 《낙랑군 연구》, 사계절, 2006.

여호규, 〈4세기 고구려의 낙랑·대방 경영과 중국계 망명인의 정체성 인식〉, 《한국 고대사연구》53, 2009.

송호정, 〈한군현漢郡縣 지배의 역사적 성격〉, 《역사와현실》78, 2010.

정재윤, 〈중국계 백제관료에 대한 고찰〉, 《사총》77, 2012.

중앙문화재연구원 엮음, 《낙랑고고학개론》, 진인진, 2014.

이정빈, 〈4세기 전반 고구려의 해양활동과 황해〉, 《역사와실학》59, 2016.

임동민, 〈백제와 동진의 교섭 항로〉, 《백제학보》17, 2016.

찾아보기

《한뼘 한국사》 후원자

1 최종혁	30 조은경	59 조동현	88 김효진
2 서홍석	31 이하영	60 김연주	89 양현승
3 곽지영	32 김해동	61 김민정	90 장도영
4 류은지	33 박종무	62 신호수	91 최수현
5 성민지	34 신현정	63 박현	92 김윤정
6 양현명	35 김혜신	64 금보운	93 양경희
7 최혜린	36 생각비행	65 권오현	94 김태윤
8 조은진	37 정미란	66 중기	95 김규성
9 고민경	38 신재진	67 김상은	96 나무리벌
10 김경희	39 이재희	68 김나연	97 1004codoli
11 배성원	40 노준석	69 남새해	98 김현정
12 임인재	41 문지원	70 소정	99 손진아
13 변순남	42 김성희	71 김성찬	100 박정은
14 최유리	43 이연숙	72 이승재	101 염동선
15 홍기표	44 전준희	73 신소영	102 강필구
16 wdg	45 전준희	74 임광순	103 김진옥
17 최우석	46 기경량	75 주태희	104 이희주
18 김경민	47 금지헌	76 윤정수	105 김건수
19 문미라	48 송치중	77 김경희	106 심승우
20 권현희	49 임동현	78 이유지	107 마포세레나데
21 조병일	50 보타	79 박주연	108 may
22 백모란	51 김민서	80 박우현	109 손성구
23 박윤진	52 macoya	81 박우현	110 이민우
24 이경화	53 문민기	82 이진선	111 정윤택
25 홍채욱	54 김윤주	83 김예솔	112 구주용
26 김상일	55 김소진	84 여민구	113 역사문제연구소
27 신동민	56 김재원	85 정상원	
28 김창수	57 김경민	86 조성은	
29 전서현	58 김옥헌	87 박경희	

만인만색연구자네트워크

젊은 역사학의 새로운 출발

〈만인만색 연구자 네트워크〉는 '역사교과서 국정화'에 반대하면서 2016년에 출범한 대학원생·신진연구자들의 모임입니다. 우리는 각양각색의 문제의식을 바탕으로 신선한 형태, 새로운 내용의 활동을 실천하고자 합니다. 이를 위해 역사해석의 다양성과 역사연구의 전문성, 그리고 대안적 학문연구와 교육활동을 지향하는 공론장을 만들었습니다. 그리고 운영원칙으로 더 많은 다양성과 인권, 민주주의를 구현하자고 약속했습니다.

만 가지 색으로 저항하라

2015년 10월 역사교과서 국정화 행정 예고기간 반대의견서 제출 및 인증을 시작으로 거리행진, 집회참여, 만인만색 전국역사인대회 개최와 교육부 항의 방문 등을 진행해왔습니다. 이를 바탕으로 2016년 1월 23일에는 창립총회를 거쳐 만인만색 연구자 네트워크가 공식 출범했습니다. 현재는 시민강좌팀, 팟캐스트팀, 연대사업팀, 콘텐츠기획출판팀의 공식등록 4팀이 구성되어 활발히 활동하고 있습니다.

당신의 색을 기다립니다

만인만색은 정부나 기업의 후원 없이 회원들의 회비만으로 운영됩니다. 만인만색의 목적과 운영원칙에 동의하는 누구나 일반회원과 후원회원이 될 수 있습니다!

① 일반회원은 대학원(석사과정) 재학 이상의 대학원생, 신진연구자입니다.
② 후원회원은 위에 속하지 않는 자로서 일정액의 후원회비를 납부한 사람 또는 단체입니다.
③ 일반회원 자격은 상반기(1~6월)/하반기(7~12월)로 나누어 6개월씩 유지됩니다.

- 회비 : 반기 당 6만원
- 회원가입/후원 문의 : 10000history@gmail.com
- 후원계좌 : 하나은행 391-910071-85305 임광순
- 홈페이지(블로그) 주소 : 10000history.tistory.com
- 페이스북 주소 : www.facebook.com/10000history
- 팟 캐스트(역사 共작단 다시 또 역사) : http://www.podbbang.com/ch/11600

한뼘 한국사 – 한국사 밖의 한국사

- ⊙ 2018년 9월 14일 초판 1쇄 인쇄
- ⊙ 2018년 9월 22일 초판 1쇄 발행
- ⊙ 글쓴이   만인만색연구자네트워크 엮음
- ⊙ 펴낸이   박혜숙
- ⊙ 디자인   이보용
- ⊙ 펴낸곳   도서출판 푸른역사
   우) 03044 서울시 종로구 자하문로8길 13

   전화: 02)720-8921(편집부) 02)720-8920(영업부)

   팩스: 02)720-9887

   전자우편: 2013history@naver.com

   등록: 1997년 2월 14일 제13-483호

ⓒ 푸른역사, 2018

ISBN   979-11-5612-122-0 03900

· 잘못 만들어진 책은 교환해드립니다.